suhrkamp taschenbuch 1046

Stanislaus Joyce, geboren am 17. Dezember 1884 in Dublin, starb am 16. Juni 1955 in Triest.

Die Eltern Joyce hatten zehn Kinder, von denen eines weltberühmt wurde, ein anderes als »seines Bruders Hüter« von gar nicht zu überschätzender Bedeutung für die Literaturforschung und das literarische Publikum ist.

Stanislaus Joyce hat Tagebücher hinterlassen, von denen einige, aus der Zeit vom Herbst 1903 bis zum April 1905, hier vorliegen. Sie ergänzen das uns aus *Meines Bruders Hüter* (st 273) bekannte Bild der Familie Joyce und ihrer Freunde, geben ehrlichen, oft mürrischen, häufig haßerfüllten Einblick in deren elendes Alltagsleben und zeigen schon in diesen frühen Jahren die Mischung aus Bewunderung und Verachtung, die für das Verhältnis von Stanislaus zu James lebenslänglich entscheidend gewesen ist. James pflegte diese Aufzeichnungen zu lesen und hat sie bisweilen für seine Werke ebenso ausgenutzt wie Stanislaus später für sein Erinnerungsbuch. Niemand wird in diesen Tagebüchern so häufig erwähnt wie der Bruder James, und so enthalten sie wichtige Aufschlüsse über die Jahre, in denen dieser an *Kammermusik*, *Stephen der Held*, *Ein Porträt des Künstlers als junger Mann* arbeitete. Wieviel Wirklichkeit in die Werke von James eingegangen ist, wird erst sichtbar durch die zahlreichen Anmerkungen, die der Übersetzer Arno Schmidt für den deutschen Leser beigesteuert hat.

Das Dubliner Tagebuch des Stanislaus Joyce

Herausgegeben von George Harris Healy
Deutsch von Arno Schmidt

Suhrkamp

Titel der englischen Originalausgabe: *The Dublin Diary of Stanislaus Joyce*, edited by George Harris Healey.
Faber and Faber Ltd., London 1962

suhrkamp taschenbuch 1046
Erste Auflage 1984

Druck Ebner Ulm · Printed in Germany
Umschlag nach Entwürfen von
Willy Fleckhaus und Rolf Staudt

1 2 3 4 5 6 – 89 88 87 86 85 84

Vorwort
von George Harris Healey

Maurice Dädalus, der ›Bruder‹ in James Joyce's *Held Stephen*, führt ein Tagebuch. Mr. Duffy, die Hauptfigur in *Ein schmerzlicher Fall* aus den *Dublinern* befaßt sich im gleichen Sinne mit »einem dünnen, von einer Messingnadel zusammengehaltenen Stoß Blätter«, die »von Zeit zu Zeit mit der ein- und andren Eintragung versehen« wurden. Bei Beiden, sowohl Maurice Dädalus als Mr. Duffy, handelt es sich um Spiegelungen von Stanislaus Joyce, dem jüngeren Bruder des Verfassers: Stanislaus hat tatsächlich ein Tagebuch geführt, dessen Eintragungen, mit denen er es von Zeit zu Zeit versah, sich oft mit seinem Bruder befassen; und besagter ›Stoß Blätter‹ befindet sich heute – noch immer von seiner Messingnadel zusammengehalten – in der Bibliothek der Cornell Universität, Ithaca, wo auch die andern Dokumente aus der Frühzeit der Familie Joyce aufbewahrt werden.

Obgleich von Stanislaus und James (und ergo auch von Andern, die es erwähnt haben) als ›Tagebuch‹ bezeichnet, handelt es sich bei dem Manuskript dennoch mehr um eine Sammlung von Beschreibungen, Bekenntnissen, Berichten und Kommentaren. Manche tragen ein Datum; andere wiederum nicht. Manche stehen in chronologischer Folge geordnet; manche wiederum nicht. Dies ›Logbuch‹ hält Vorkommnisse des täglichen Lebens fest, und einzelne Gedanken jenes äußerlich schwerfälligen aber beträchtlich leidensfähigen jungen Dubliners, der, ob schon schwankenden Urteils über so manches, doch felsenfest überzeugt von dem einen war: daß sein Bruder ein Säkularmensch sei, dessen

Begabung die Welt eines Tages anerkennen würde, und dessen Ansichten & Unternehmungen der schriftlichen Fixierung wert seien. »Das Interesse, das ich an Jims Lebensführung nahm, bildete den Hauptanteil des Interesses, das ich an mir selbst hatte; mein Leben ist salzlos ohne ihn.«, heißt es an einer Stelle, nachdem James Irland verlassen hat. Indem er über die Ereignisse seines eigenen Lebens berichtet, hat Stanislaus demnach ein gut Teil von James' Dasein für uns festgehalten; und dies noch zu einem Zeitpunkt, wo er James höchstwahrscheinlich besser kannte, als jeglicher Andere. Mehr als die meisten Schriftsteller hat James Joyce von seinen Lesern gewünscht, ja, es ausdrücklich erwartet, daß sie auch mit dem Mikrodetail seines Privatlebens vertraut seien; folglich ist Stanislaus' Tagebuch wichtig für seines Bruders vita und Schriften. Es setzt ein im Herbst 1903, unlängst nach der vom Tod der Mutter ausgelösten Krisis; und reicht bis April 1905, nachdem James' Abreise Tagebüchler samt Tagebuch in sogleich merklich weniger munterem Zustand zurückgelassen hat. Aber daß von James etwa längere Zeit einmal nicht die Rede wäre, ist auf diesen Blättern nie der Fall; vielmehr erscheinen er und seine Unternehmungen, und das in einem der allerinteressantesten Abschnitte seines Lebens, nahezu auf jeder Seite. Wenn schon Stanislaus auch keiner der Eintragungen direkt das Datum ›16. Juni‹ gegeben hat – ›Bloomsday‹ vorhersagen konnte er ja wohl schwerlich – so tut er doch, an der ein- oder andern Stelle, so mancher Persönlichkeit Erwähnung, die dann als Figur im *Odysseus* auftritt; wie auch mancher anderen, die in den *Dublinern* erscheint oder im *Porträt des Künstlers.* Hier findet sich ein weiter Kreis von Verwandten, Freunden und Bekannten der jungen Joyce's versammelt – Gogarty, Byrne, Cosgrave, die Sheehy's, die Murray's, sowie viele Andere – und natürlich auch sämtliche Joyce's selbst, wohnhaft im Stadtteil Cabra, St. Peter's Terrace Nummer 7.

Besagtes Heim war damals für kein Familienmitglied ein sonderlicher Port des Glücks, und Stanislaus' Schilderung vom häuslichen Alltag der Joyce's dürfte zweierlei erregen, nämlich Entrüstung abwechselnd mit Mitgefühl. James selbst ist 1904 nicht viel zuhause gewesen; aber Stanislaus hatte keinen Martello-Turm[1], und die übrigen Kinder waren entweder noch zu klein oder zu sehr in das Getriebe verstrickt, um entkommen zu können. Stanislaus liefert uns hier, in einer kuriosen Mischung aus Freimut, Gereiztheit und Zuneigung, eine Porträtserie – anscheinend die einzige, die wir besitzen – aller seiner Brüder und Schwestern.[2] Auch von seinem Vater liefert er ein Porträt, dieses allerdings *ohne* Zuneigung: was John Stanislaus Joyce anbelangt, so empfand sein zweiter Sohn, abgesehen von Widerwillen und Verachtung, wenig für ihn. Es fällt schwer, zu glauben, daß derselbe Mann, derselbe Vater, Modell gestanden haben soll, sowohl für James' Gestalt des Simon Dädalus, als auch für Stanislaus Abbildung von Pappie. Wohl sahen beide Brüder in ihrem hoffnungslos bankerotten Milieu keinerlei Aussicht auf Besserung, und keine andere Wahl, als auszuhalten oder auszubrechen, und Beide wählten sie das Letztere; aber während James' Verbitterung im Laufe der Jahre spürbar nachließ, vergaß Stanislaus nie. Das Gefühl früher Erniedrigung war zu tief und dauerhaft; und schwerste Ausfälle gegen Vater, Heimatland und Kirche haben noch ein halbes Jahrhundert, nachdem sie hier zum erstenmal schriftlich niedergelegt worden waren, fortgefahren, ihn aufs peinlichste in Atem zu halten. Sein Lebensfrühling war grausam. Es ist wahrlich nicht leicht, sich ständig vor Augen zu halten, daß der größte Teil dieses ätzenden Tagebuches einen 19jährigen Jungen zum Verfasser hat; daß seine Stimme, so oft rauh & mißtönend, die

1 AdÜ: vgl. *Odysseus,* Telemachie.

2 AdÜ: vgl. Übersicht auf S. 16.

Stimme eines Jünglings ist; und daß dieser überdrüssige Geist in Wirklichkeit erst auf der Schwelle seines Daseins steht. Aber obschon James von der ›lähmenden Wirkung‹ des Dubliner Lebens zu sprechen pflegte, erkannte er doch dessen literarische Verwendbarkeit, und die lokalen Notizen des Bruders regten seine Fantasie an. James las die Eintragungen während sie entstanden; ließ sie sich, als er Irland dann verlassen hatte, nachschicken; und entlehnte ihnen gewisse unscheinbare Kleinigkeiten, die außer James Joyce kein Mensch des Entlehnens überhaupt für würdig gehalten hätte.

Dieses Tagebuch ist mit großer Sorgfalt geführt worden; von einem sensiblen und intelligenten Jungen, der fühlte, wie mit seinem Leben irgendetwas aufs schrecklichste nicht stimmte; und der folglich spontan gegen nahezu all- & jedes in seiner Umgebung verwildert ausschlug; der oft unbesonnen und ungerecht war, sich aber stets bemühte, verständig und ehrlich zu sein. Er schonte Andere nicht, zugegeben; am wenigsten aber schonte er sich selbst; neigte vielmehr schier peinlich zu Selbstbeobachtung [1], sei's bezüglich Kleidung, Manieren, Leumund, oder sogar seiner bloßen Kopfform. Er war sich sehr wohl der eigenen Intelligenz bewußt, verstand jedoch nichts damit anzufangen. Er verabscheute das Gewöhnliche; aber Alles um ihn her – mit der einzigen Ausnahme des Bruders und 1 kleinen Kusine – schien von tödlicher, geradezu mausgrau-schlampiger Gewöhnlichkeit. Auch seine unbeholfene Halbwüchsigenzärtlichkeit für die kleine Katsy Murray gewährte ihm, genau wie alles übrige, weder Trost noch Hoffnung: richtig verliebt sein in sie konnte er nicht, dazu war sie zu jung [2]; ja, er durfte imgrunde überhaupt niemals richtig in sie verliebt

1 AdÜ: vgl. STH, S. 105, wo James dem Bruder Maurice Neigung und Fähigkeit zu »unentwegter Selbst-Analysis« bescheinigt.

2 AdÜ: 13 Jahre.

sein, waren sie doch Geschwisterkinder![1] Seine Einstellung gegenüber dem Großen Bruder war bereits diejenige, die, alles in allem genommen, Beider Leben hindurch immer die gleiche geblieben ist, nämlich ein gänzlich selbstloses Besorgtsein um James' Komfort, Wohlergehen, Erfolg und guten Ruf; durchgehalten eigenen ehrgeizigen Sehnsüchten ebenso zum Trotz, wie James' gedankenloser Undankbarkeit. Stanislaus, seines Bruders ›Wetzstein‹ und Hüter, wollte mit James wetteifern, erntete jedoch den Vorwurf des Nachäffens; er wollte James' Leben teilen, wurde jedoch von dessen Ausschweifungen abgestoßen; er ersehnte einen Platz in James' Freundeskreis, empfand jedoch den meisten der ihm dort begegnenden Gestalten gegenüber Abneigung und Mißtrauen. James seinerseits fand an seinem jüngeren Bruder einen verläßlichen Alliierten, stets bemüht, sich in seine Gedankengänge einzufühlen, und seinem Spott gegenüber geduldig. James borgte von Stanislaus Geld, Kleidung, Ideen, und einzelne Züge für die Gestalten in seinen Büchern[2]. Maurice Dädalus und Mr. Duffy sind Belegs genug[3]; aber auch in *Stephen* selbst ist mehr als nur 1 Andeutung anzutreffen von Stanislaus' Neid, Stolz und Verdüsterung.

Das hier abgedruckte Manuskript besteht aus 230 beschriebenen Seiten, und zwar aus einheitlich auf die Größe 20 mal 16 cm zurechtgeschnittenen Blättern. Diese Blätter, meist schon vorher auf der einen Seite gebraucht, sind aus alten Geschäftsbriefen, sowie Seiten aus Schulheften, aus

1 AdÜ: Deren Ehe die katholische Kirche verbietet.

2 AdÜ: Vgl. FW, S. 424: »Every dimmed letter in it is a copy, and not a few of the sibils and words ... the last word in stolentelling!«

3 AdÜ: Vgl. auch die Anspielungen auf ›Bruder Fleckenlos‹ in FW: 191 »Immaculatus«; 237 »stainusless«; 277 »stanidsglass«; 463 »stainedglasses«, usw. usw.

Notiz- und Kontobüchern, oder ähnlichem Krimskrams gewonnen. Mindestens 1 der Blätter ist ein Palimpsest; d. h. der Tagebuchschreiber hat eine ganze Seite von irgendetwas anderem leer-radiert, um eine brauchbare Schreibfläche für sich selbst zu erzielen – Papier war knapp im Joyce'schen Haushalt.[1] Aber diese Blätter, so peinlich-mühsam zusammengelesen, haben uns noch mehr aufbewahrt, als nur das Tagebuch, das einst auf ihre leeren Rückseiten geschrieben wurde. Bei einigen ist der ursprüngliche Inhalt belanglos; bei vielen jedoch besteht er aus frühen Stücken von James, bald Vers bald Prosa, die ansonsten verloren gegangen wären; ein Material, das Richard Ellmann und Ellsworth Mason in *James Joyce's kritische Schriften* veröffentlicht haben.

Stanislaus' Text in seiner sauberen überkleinen Handschrift, bedeckt nahezu jeden Zoll des kostbaren Papieres. Es muß sich um die Reinschrift aus einer Art Rohentwurf handeln; denn Korrekturen sind selten, und er erwähnt auch ein ›Buch der Tage‹, das vermutlich seine ersten Notizen enthalten hat. Er nennt sein Sammelwerk zu verschiedenen Zeiten bald das ›Tagebuch‹, bald die ›Notizen‹, bald den ›Schmelztiegel‹. Das zu Papier Gebrachte hat er nochmals durchgearbeitet, und dabei am Rande Daten hinzugefügt, zuweilen mit Rotstift; Daten, die, es sei ausdrücklich betont, nicht für die Zeit der Niederschrift gelten, sondern eher für die Zeit des betreffenden Ereignisses selbst. Die Reihenfolge der Texte ist so beabsichtigt, wie sie gegenwärtig vorliegt; die Daten sind mit nichten das ausschlaggebende dabei; (ihr Kontinuum ist auch mehrfach unterbrochen). Vorangegangen ist diesem Tagebuch eines, das im Jahre 1903 absichtlich vernichtet wurde; und ein anderes, in Triest entstandenes, schließt sich ihm an, das aber zur Zeit noch nicht öffentlich zugänglich ist. Weiterhin zitiert

1 AdÜ: vgl. MBH S. 36 f.

Stanislaus in Artikeln und Briefen Einzelheiten aus »meinem Tagebuch« von 1904, die man hier nicht antrifft – dergleichen mag dann den wenigen Seiten entstammen, die heute in dem Manuskript fehlen; oder aber auch anderem Dokumentenmaterial, das nicht unter seinen in Cornell befindlichen Papieren vorhanden ist. Auch hat er das vorliegende Tagebuch bei der Arbeit an seiner Autobiografie *Meines Bruders Hüter*[1] benützt; aber nennenswerte Doppelungen treten nicht auf. Dieses seitdem erschienene, allerdings unvollendete Werk, über dem er gestorben ist, geht bis zum Tode der Mutter und etwas darüber, also bis August 1903; während dies Tagebuch hier ein paar Wochen nach diesem Ereignis einsetzt, und dann rund anderthalb Jahre weiter führt. Verglichen mit *Meines Bruders Hüter* mag Stanislaus' Tagebuch oftmals kahler-unreifer wirken; aber es ist der Dubliner Zeit um 50 Jahre näher, und was ihm an spitzfündiger Gefeiltheit mangeln sollte, ersetzt es vielleicht durch die größere Unmittelbarkeit.

Die Orthografie des jungen Stanislaus war unausgeglichen, und seine Interpunktion altmodisch; beide erscheinen hier, der Bequemlichkeit des Lesers halber, modern-genormt. Zusätzlich zu den erwähnten Daten am Rande, hat der Tagebuchschreiber noch eine Anzahl nachträglicher Glossen hinzugefügt, die die ursprünglichen Fassungen berichtigen, kritisieren oder ergänzen. Die meisten davon scheinen nahezu gleichzeitig mit dem Original entstanden; da sie jedoch nicht mit Gewißheit zu datieren waren, sind sie als Fußnoten ausgesondert und durch den Vorsatz N (= Nachtrag) gekennzeichnet worden. Einige wenige, durch ›.......... .....‹ kenntlich gemachte Stellen wurden unterdrückt; die meisten, weil sie ohne Interesse sind; der Rest, weil es sich um

1 AdÜ: Der Titel *My Brother's Keeper* wurde von Stanislaus in bewußter Parallele zur Kain-Abel-Thematik gewählt; vgl. FW 305 »your bloater's kipper«; 464 »where's your watch-keeper?« 483 »Been ike his kindergardien?«, usw.

Verleumdungen oder anderweitig juristisch Angreifbares handelt. [1]

Für die Erlaubnis, das Manuskript zu veröffentlichen, möchte der Herausgeber an dieser Stelle der Bibliothek der Cornell Universität seinen Dank aussprechen.

Ithaca, New York, im April 1962

George Harris Healey

1 AdÜ: Diese bedauerlichen Lücken wenigstens in der deutschen Ausgabe auszufüllen, war leider nur zum Teil möglich.

Da die Vertrautheit des Lesepublikums mit dem Werk James Joyce's gerade im deutschen Sprachraum leider noch viel zu wünschen übrig läßt, ist der Apparat der Anmerkungen erweitert worden, so daß man jetzt 3 Arten von Fußnoten zu unterscheiden hat:

N die im Vorstehenden erwähnten, von Stanislaus Joyce selbst herrührenden Marginalien;

H die im englischen Original (London, Faber & Faber, 1962) vom Herausgeber, Prof. Healy, beigegebenen Erläuterungen; und

AdÜ Kurzerklärungen und weitere Verweisungen, hauptsächlich zum Gebrauch des deutschen Lesers bestimmt.

An Abkürzungen häufig zitierter Bücher wurden verwendet:

Werke von James Joyce:

STH *Held Stephen (Stephen Hero;* 1. Fassung des *Porträt)*, J. Cape, London

PDK *Porträt des Künstlers als junger Mann (Portrait of the artist as a young man);* The Essential JJ, Cape London

DUB *Dubliner (Dubliners),* dito

OD *Odysseus (Ulysses),* Bodley Head, London

FW *Finnegans Wake*, Faber & Faber, London

Anderweitige Literatur:

MBH *Meines Bruders Hüter* von Stanislaus Joyce, Suhrkamp, Frankfurt am Main 1960

ELL R. Ellmann, *James Joyce, Eine Biografie;* Oxford Univ. Press. N. Y.

Zur Orientierung in genealogischen Einzelheiten diene die folgende gedrängte Datenübersicht:

Eltern:

A. John Stanislaus Joyce (4. 7. 1849–29. 12. 1931); heiratet 5. 5. 1880

B. Mary Jane Murray (15. 5. 1859–13. 8. 1903)

Kinder:

insgesamt 17, davon 7 Fehlgeburten; sämtlich * in Dublin

1. James = ›Jim‹ (2. 2. 1882–13. 1. 1941); heiratet 4. 7. 31 (1904) Nora Barnacle (1884–10. 1. 51.)
   Kinder: George, * Triest 27. 7. 05, und Lucia, * Triest 26. 7. 07.
2. Margaret = ›Poppie‹, * 18. 1. 1884, (lebt als Nonne in Neuseeland).
3. Stanislaus = ›Stannie‹ (17. 12. 1884–16. 6. 1955); heiratet 13. 8. 27 Nelly Lichtensteiger (lebt in Triest). – Sohn: James, * 14. 2. 43.
4. Charles = ›Charlie‹ (24. 7. 1886–18. 1. 1941).
5. George = ›Georgie‹ (4. 7. 1887–9. 3. 1902).
6. Eileen, * 22. 1. 1889, (lebt in Dublin); heiratet 1915 Frantisek Schaurek († 1926). – 2 Töchter: Bertha (= ›Boschenka‹) und Nora.
7. Mary = ›May‹, * 18. 1. 1890, (lebt in Dublin); verehelichte Monaghan.
8. Eva (26. 10. 1891–25. 11. 57).
9. Florence, * 8. 11. 1892, (lebt in Dublin).
10. Mabel = ›Baby‹ (27. 11. 1893–1911).

Ein Bruder der Mutter B., William Murray, war der Gatte der wichtigen Lieblingstante ›Josephine‹ († 1924); von deren Kindern hier besonders die kleine ›Katsy Murray‹ (* 14. 7. 1890) erwähnt sei, für die sowohl James als auch Stanislaus sich eine zeitlang interessierten.

Arno Schmidt

Das Dubliner Tagebuch des Stanislaus Joyce

1903

Jim's Charakter ist noch ungefestigt, ist noch im Werden. Neue Einflüsse kommen täglich über ihn; er probiert neue Praktiken. Im Lauf des letztvergangenen Monats ist er drei- oder viermal betrunken heim gekommen, (in einem Fall erschien er, nachdem er die ganze Nacht außerhalb verbracht hatte, sonntags morgens dreckig und verkatert im Hause); zur Zeit betätigt er sich als Wein- & Likörkoster, sowie damit, sich die Mittel zu solcher Lebensführung zu beschaffen. Er hat eine Neigung zu geselligem Beisammensein gefaßt (bzw. scheint sie gefaßt zu haben), und zwar selbst mit Solchen, um deren Neid und Mißgunst ihm gegenüber er sehr wohl weiß; mit denen kann er eine ganze geschlagene Nacht zusammen sitzen, kann tanzen & singen & Reden halten & lachen & rezitieren, und dann noch auf die gleiche ausgelassene Manier den Heimweg hinter sich bringen. Um zu entscheiden, was sein Charakter in Wahrheit sei, muß man berücksichtigen, was vorübergehend an diesen Einflüssen und Angewohnheiten ist; muß tiefer gehen, und erkennen, was davon seinen Geist nun tatsächlich affiziert. Was er momentan ist, muß verglichen werden mit dem, was er war; man muß analysieren; muß ihn beurteilen nach seinen Augenblicken der Erleuchtung, nicht nach seinen Stunden der Erniedrigung.[1]

Sein Intellekt ist präzis und subtil, aber nicht umfassend.

1 H: Quer über diesen Absatz weg steht in der Handschrift von James Joyce das Wort ›Quatsch‹ geschrieben.

Eine Gelehrtennatur ist er nicht. Seine Sympathie und Urteilsfähigkeit in künstlerischen Dingen sind genau die, wie man sie von Einem, mit seiner Art Intellekt Begabten, erwarten würde – wenn er nicht mehr wäre als ein bloßer Kritiker, er würde, glaube ich, ein so guter Kritiker sein, wie nur einer, der sich heute der englischen Sprache bedient: nämlich bei Themen, die ihn interessieren. Sein literarisches Talent scheint in der Tat sehr groß, sei es in Prosa, sei es in Versen[1]. Er verfügt wie Yeats es nennt – über eine sehr delikate ›spirituelle‹ Ausdruckskraft und ob seine Stimmung beim Schreiben gedrückt ist, oder jung & jungfräulich, oder ob er niederschreibt, was er gesehen hat, (wie etwa in ›Er trabt einer Winter-Sonne nach‹[2]): immer ist die Form stark und ausdrucksvoll oder anmutig und gewinnend, und seine Imagination helläugig und klassisch. Seine ›Epiphanien‹ – kurze Prosastücke, die ich persönlich seiner Lyrik fast noch vorziehe[3]; auch seine Dialoge – sind ebenfalls ausgesprochen ›fein‹; hier hat er große Stücke seiner Persönlichkeit investiert, mit seltenem Mut, seltenem Bildgedächtnis, und geradezu wissenschaftlicher Akribie; hat sich fähig erwiesen, ein Maximum an Sorgfalt aufzuwenden, um eine scheinbare Kleinigstkeit in Prosa oder Versen zu schaffen. Die überscharfe Beobachtungsgabe wie die satanische Ironie seines Charakters finden hier korrekten, obwohl

1 N: Er behauptet, er sei kein Artist. Er interessiere sich mehr für Politik – ein Gebiet, auf dem er originelle Ideen vorbringt. Er behauptet, er scheere sich wenig um Kunst oder Musik, obschon er zugibt, daß er darüber urteilen könne. Er lebe aus den Anregungen der Ereignisse, wie sie auf ihn zu kämen.

2 H: aus ›Tilly‹, später in *Pomes Penyeach.* – AdÜ: ›Tilly‹ heißt ›Zugabe‹, das 13. Stück in einem Bäckerdutzend, und ist das erste, einen Viehtreiber schildernde, Gedicht dieser *Pöme Fennichsstück;* die hier zitierte 1. Zeile lautet in der endgültigen Fassung, leicht verändert ›He travels after a winter sun‹.

3 AdÜ: Proben in MBH, Ss. 92 f., 175 ff., 187 f., 300 f., 307, 329 f., 333 f.

immer noch nicht 100%-igen Ausdruck. Ob er jemals dahin gelangen wird, etwas Umfassenderes hinzustellen – ein Drama; eine Abhandlung über Ästhetik – weiß ich nicht zu sagen. Sein Genius ist nicht literastisch; und wahrscheinlich wird er viele der kürzeren Formen schriftstellerischer Ausdrucksmöglichkeiten zu durchlaufen haben. Er hat sich jedenfalls zum Ziel seines Daseins ein ›erfülltes Leben‹ erkoren; und angesichts dieser überragenden Bedeutung des ›es Alles erlebt haben‹ wirkt jedwedes andere natürlich wie ein Nachtlicht bei Mittagssonne. Und ergo interessieren ihn das Erschmecken von Likören, die Zusammenstellung eines Diners, gewählte Kleidung, auch Rumgehure, mehr, als etwa die Ventilierung des Problems, ob das einaktige Bühnenspiel – ›Das Zwerg-Drama‹ nennt er es – eine echte künstlerische Möglichkeit sei.

Jim ist ein Genie ersten Ranges. Wenn ich ›Genie‹ sage, so gehe ich damit das allerkleinste Stückchen von der Welt über das hinaus, was ich vermute; aber in Anbetracht seiner Jugend, und daß wir zusammen schlafen, möchte ich es doch aussprechen. Wissenschaftler sind Große Wissenschaftler genannt worden, weil sie die Distanzen unsichtbarer Gestirne vermaßen; und doch sind andere Wissenschaftler, die Bewegungen innerhalb der Materie aufzeichneten – so klein, daß sie selbst den bewaffneten Sinnen kaum noch erkennbar waren – für ebenso groß gehalten worden; und Jim ist vermutlich ein Genie, obwohl sein Geist analytisch ist bis ins Kleinste. Vor allem verfügt er über eine vorsätzliche, stolze, lästerliche Selbstsucht, aus der heraus er zu Zeiten plötzlich ein Gedicht schreibt oder eine Epiphanie; dann plötzlich wieder den unsinnigsten Grillen und Lüsten nachlebt, was anfänglich aus einem egoistischen Protest erfolgt und möglicherweise nicht ganz frei von Verzweiflung gewesen sein mag, nunmehr jedoch in seiner Natur tief verwurzelt (oder entfaltet?) scheint, ein wahrer Yggdrasil. Er besitzt außergewöhnliche Zivilcourage – Courage in einem solchen Maß, daß ich die Hoffnung hege, er könne eines Tages der Rousseau Irlands werden. Dabei könnte man Rousseau fast beschuldigen, die heimliche Hoffnung genährt zu haben, er vermöchte die Mißbilligung seiner verärgerten Leserschaft dadurch abzulenken, daß er ihr beichtete; ein Verdacht, in dem man Jim nie haben könnte. Seine große Leidenschaft ist die grimmige Verachtung all dessen, was er den ›Pöbel‹ nennt [1] – ein tigerhafter unstillbarer Haß.

Äußerlich und in seiner Haltung wirkt er vornehm, und besitzt viele natürliche Gaben: eine klangvolle Stimme beim Singen und zumal beim Sprechen (Tenor), ein schönes aber unausgebildetes Talent für Musik und geistreiches Gespräch. Er hat die unselige Angewohnheit, Denjenigen mit denen er vertraut ist, ganz ruhig die anstößigsten Dinge über sich selbst oder andere zu sagen; auch wählt er sich zu solchen Aussprüchen die möglichst unpassende Zeit; und das Verletzendste daran ist noch, daß seine Bemerkungen nicht bloß anstößig, sondern vor allem wahr sind. Und zwar sind Sächelchen darunter, daß selbst ich, der ich ihn doch so gut kenne, mir nicht einbilde, er könne es nicht fertig bringen, mich oder auch Gogarty [2] mit seinen gereimten Zoten zu empören. Freilich ist er Fremden gegenüber im allgemeinen durchaus verbindlich und höflich; dennoch, obgleich er höchst ungern rüde wird, möchte ich annehmen, daß er von Natur aus wenig Artigkeit besitzt. Wenn er manchmal so auf dem Kaminvorleger sitzt, die Arme um die Kniee geschlungen, den Kopf etwas zurückgeworfen, das Haar straff aus der Stirn gebürstet, das lange Gesicht indianerrot vom Widerschein des Feuers, dann liegt ein ausgesprochener Ausdruck von Grausamkeit auf seinem Gesicht. Nicht, daß er zu Zeiten nicht auch sanft wäre; er

1 AdÜ: vgl. seinen Artikel ›Der Tag des Pöbels‹ in *Kritische Schriften*, S. 68 ff.; sowie MBH, S. 197 ff.

2 H: Oliver St. John Gogarty; das Original zum ›Buck Mulligan‹ des OD.

kann gütig sein, und es überrascht Einen nicht, große Einfachheit in ihm zu entdecken. (Er ist grundsätzlich einfach & offen Denen gegenüber, die es mit ihm auch sind. Aber trotz aller seiner Gaben, trotz all seines Genies, werden vermutlich nur Wenige ihn lieben; und Wer auch immer sich auf einen Austausch von Freundlichkeiten mit ihm einläßt, wird höchstwahrscheinlich auf die Dauer den Kürzeren dabei ziehen.[1]

26. September 1903

Jim sagt, daß es sich bei ihm nicht um ›Zivilcourage‹ handele; aber, wie er es von selbst formuliert: ›Sobald der Barde zu schreiben beginnt, intellektualisiert er sich.‹ Wenn Jim gut in Form ist, hat seine Stimme ein herrliches ›Bukett‹, ist reich und rein, und geht Einem durch & durch wie ein starker, anregender Wein. Er singt gut.

Jim hat einen entschieden wölfischen Intellekt; weder wuchtig noch überstark, aber rippendürr und ausgehungert, der seinem jeweiligen Gegenstand das Herz herausreißt.

Pappie[2] ist sehr skurril.

Er geißelt das ganze Haus mit seiner Zunge.

Mutter hat den gesamten Hausstand zusammengehalten, und zwar auf Kosten ihres Lebens.[3]

Solange Jim am Leben ist, wird der Stand der Sophisten nie ganz ausgestorben sein.

Die 12 Clans von Galway heißen:

Athy, Blake, Bodkin,
Deane, D'Arcy, Lynch,
Joyce, Kirwin, Martin,
Morris, Skerret, French.

1 N: Zu grelle Farben verwendet, wie schlechte Illustrierten-Bilder.

2 H: John St. Joyce, der Vater des Verfassers.

3 H: Frau May Joyce war am 13. August 1903, im Alter von 44 Jahren, gestorben. – AdÜ: vgl. auch MBH, S. 304–312.

Pappie ist das einzige Kind eines einzigen Kindes (seines Vaters[1]), und ergo das verzogene Söhnchen eines verzogenen Söhnchens, der verschwenderische Sohn eines Verschwenders. Sein Temperament war möglicherweise gascognisch – großmütig-flott und sentimental – garantiert aber war es oberflächlich und lieblos. Falls er jemals über etwas wie Selbstkritik verfügt haben sollte, dann ist sie bereits in frühester Jugend durch seine unverhältnismäßige Eigenliebe und Eitelkeit erstickt worden. Dennoch kann er, merkwürdig genug, beträchtlichen Scharfblick entwickeln, wenn es gilt, Andere zu beurteilen. Er ist stolz auf seine Herkunft aus einer Familie von einer gewissen Kultur, Erziehung und einer nicht übermäßigen aber immerhin gehobenen Stellung auf der einen, und von einem gewissen Wohlstand auf der anderen Seite. Er ist autokratisch und händelsüchtig; und verfügt in ungewöhnlichem Grade über jenen Wortreichtum an vulgären Schmähungen, der typisch für die Bewohner von Cork ist, wenn sie betrunken sind. Seitdem wir erwachsen sind, ist er in dieser Beziehung noch übler geworden; denn selbst wenn wir schweigen, sind wir ihm eine Opposition. Er liebt die Gemächlichkeit; und sein ganzer Ehrgeiz im Leben ist gewesen, geachtet zu sein, und nach außen hin den Schein aufrecht zu erhalten. Es mag so unwürdig klingen, wie es will; aber dies beides ist so schwierig zu erreichen gewesen, und er hat im Wettlauf mit den Auswirkungen pausenloser Betrunkenheit mit derart zäher Energie darum ringen müssen, daß man wiederum Mühe hat, es absolut verächtlich zu finden. Er ist ein Lügner und Heuchler, der sich als Opfer äußerer Umstände betrachtet, und an großen Worten schadlos hält. Seine Energie hat er durchgebracht, seine Intelligenz verdummt; mit dem Ergebnis, daß er ein halbverrückter Säufer ist. Natürlich ist er gehässig, wie alle

1 AdÜ: James Augustin Joyce (1827–66); Näheres über ihn in MBH, S. 48 ff.

behinderten Säufer, und erfindet die allerfeigsten Beleidigungen, auf die ein skandalöses Gemüt und eine von Natur hämische Zunge nur verfallen können. Es besteht keinerlei Zweifel, daß er Mutters Tod beschleunigt hat. Er ist ein unverschämter Sohn gewesen; als Gatte dann ein Haustyrann; und in Geldfragen ein Gannef. Für seine Kinder empfindet er weder Liebe noch Sorge; wohl aber, aus seinem Götzenbegriff von ›Respektabilität‹ heraus, eine kuriose Art von Pflichtgefühl. Er steckt randvoller Vorurteile, die er uns ständig einzuflößen versucht; wobei er jeglichen Einspruch als impertinent und pueril ansieht. Auch damit brüstet er sich, daß er ein Stück von einem Snob wäre. Sein Begriff von einem ›Heim‹ ist der einer schön möblierten Zimmerflucht, wohin er die Leute einladen kann; wo seine Kinder unter der Obhut der Mutter wohlgeraten aufwachsen; und wohin er – nachdem er den Abend im Freundeskreis bei Anekdoten und der Flasche verbracht hat – sich zurückziehen, den Großen Herrn mimen, und huldvoll Gehorsam entgegennehmen kann.

Immerhin, er ist auch großzügig; und wenn er verlangt, man solle ihm abnehmen, daß er ›sehr wohl wisse, was ein Gentleman sei‹, wirkt er so lächerlich nicht. Sobald er ein paar Tage hintereinander nüchtern gewesen ist, wird er seltsam gefaßt (obschon reizbar und nervös), und pflegt dann fließend und fahrig zu schwätzen. Selbst im Alter von 54 jetzt, ist es aber schwierig, sich mit ihm zu unterhalten; denn seine Eitelkeit ist ganz leicht verletzt. Überdem wirkt besagte ›Ruhe‹ eben doch unnatürlich, und eher wie eine auf die Trunkenheit folgende Erschlaffung.

Er besitzt die Reste des besten Tenors im leichten englischen Stil, den ich je gehört habe. (Der Umfang seiner Stimme war ungewöhnlich, und er weiß mit Geschmack zu singen.)

In Jims Ungezwungenheit und Leutseligkeit ist ein falscher Ton; und seitdem ich ihn darauf aufmerksam gemacht habe, schwingt in seiner Affektation falscher Ungezwungenheit und falscher Leutseligkeit ein falscher Ton zweiter Ordnung mit.

Ich entdecke in seinen Versen und seiner Prosa Elemente der Selbsttäuschung; und eine Sucht zu paradieren, die durch keine närrische Eitelkeit verständlich und austariert würde.

Jim verlangt von seinen Freunden das Recht, sich selbst ruinieren zu dürfen.

Jim hat eine kaum verhüllte, perverse Lust am Trug. Er lügt ohne Grund, und gibt sich förmlich Mühe, die, die ihn am besten kennen, hinters Licht zu führen; (wohl aus Verachtung gängiger Moralität und Selbstgerechtigkeit).

Wenn Pappie nüchtern ist und leidlich bequem sitzt, kann er nett und unterhaltsam sein; obwohl er auch dann noch zum Seufzen neigt, zum Klagen und Nichtstun. Seine Rede ist dann der Vergangenheit eingedenk und humorvoll, spöttisch ohne Bosheit, und er akzeptiert Friedfertigkeit als ein Ingrediens des Behagens. Bedauerlicherweise ist solcher Zustand bei ihm rar und von kurzer Dauer; tritt nur bei absolutem Baargeldmangel ein, und hält nie bis zum Schlafengehen an. Die Stimmung selbst ist zweifellos echt; aber dann & wann offenbart die ein- oder andere Wendung, daß es sich weniger um einen endgültigen Friedensschluß handelt, als vielmehr nur um eine vorübergehend bewilligte Amnestie. Das bloße Aufrichten aus seiner bequemen Stellung vorm Feuer und das Zusammenraffen seiner Zeitungen, wenn er sich zu Bett begibt, bewirken sofort eine Veränderung bei ihm; und die Treppen steigt er bereits klagend empor, unter Versprechungen künftiger ›Änderungen‹, über die er keinerlei Kontrolle hat.

Pappie hat seine Familie seit vielen Jahren als behinderndes Anhängsel betrachtet, das er, so lange es eben durchaus sein muß, ungeduldig erträgt, und das er bei der erstenbesten Gelegenheit abzuschütteln sucht. Jim und mir und

Charlie[1], die wir begreiflicherweise die Dinge nicht ganz in diesem Licht sehen, droht er ständig, und schimpft uns ›Schmarotzer‹. Alle seine Kinder bezeichnet er gewohnheitsmäßig als ›Bastarde‹; und die Behandlung, die er ihnen, ginge es nach ihm, angedeihen lassen möchte, ist auch genau die vom Gesetz selbst für Bastarde erzwungene: Alimentation bis zum vollendeten 16. Lebensjahre für ein männliches Kind.

Er ist roh, und läßt seine gedankenlose Selbstsucht an seinen Kindern aus. Ich habe eben erwähnt, daß er eine kuriose Art von Pflichtgefühl ihnen gegenüber empfände – durchaus richtig; aber jenes Gefühl begreift in seinen Augen nicht die Aufgabe in sich, ihnen nun auch regelmäßig zu essen zu geben. Selbst heute abend, als sein Wesen Behaglichkeit besprach, lag es immer wie ein gewisser schwefliger Farbton über dieser seiner Genügsamkeit.

Meine Kusine Kathleen Murray – Katsy gerufen[2] – ist eine reich angelegte Natur, und verspricht einen prachtvollen Contralto zu bekommen. Der Ton hat förmlich die Tiefe eines Basses, und ich schmeichle mir, daß ich der erste gewesen bin, der das bei ihr entdeckt hat.

Daß Pappie unter seinen unzähligen Bekannten einige wirkliche echte Freunde gehabt hat, muß zu seiner Ehre erwähnt werden.

In jener Zeit, an die ich mich am deutlichsten erinnern kann, war bei Mutter wenig von dem mehr übrig, was sie

1 H: Charles, damals 17, war der jüngste der überlebenden Brüder.

2 H: Obgleich erst rund 13 Jahre alt, hatte Katsy zuvor schon das vorübergehende Interesse von James auf sich gezogen, und konnte zur Zeit die schüchternen Aufmerksamkeiten Stanislaus' entgegennehmen. Ihre Mutter, ›Tante Josephine‹, war hochbeliebt bei den Joyce'schen Jungen; ihr Vater, ›Onkel Willie‹, ein Bruder der verstorbenen Frau Joyce, erscheint als ›Richie Goulding‹ im *Odysseus* – AdÜ: wie auch jene ganze Familie S. 35 ff. u. ö. Ebenso in der Novelle ›Lehm‹ der DUB; vor allem vgl. man den aufschlußreichen, menschlich wie literarisch wichtigen Briefwechsel von James Joyce und Mrs. Murray.

einst zu einer markanten Figur der Salons gemacht hatte; wenig, es sei denn eine sehr graziöse Haltung, und gelegentlich ihr brilliantes Klavierspiel. Ihr Kopf war klein, und wirkte sehr feminin und hübsch. Ich erinnere mich ihrer als intelligent, sparsam, äußerst geduldig in Schwierigkeiten (unser normaler Zustand), und allzu geduldig bei Beleidigungen. Als ich sie so in ihrem braunen Habit auf dem Bett im Vorderzimmer daliegen sah, den Kopf wie müde ein wenig zur Seite, schien ich mir neben dem Totenbett eines Opfers zu stehen. Nunmehr, aufgebahrt, in der Stille und dem gedämpften Licht des Raumes, umgeben von Kerzen und Blumen, hatte sie zum ersten Male jene Bedeutsamkeit, die ihr zeitlebens gebührt hätte. Eine immerwache Besorgtheit um ihre Kinder, eine Bereitwilligkeit sich ihnen restlos aufzuopfern, und eine zähe Energie, um ihretwillen auszuhalten, ersetzten die Liebe in einer Familie, in der es nicht der Brauch war, Zuneigung äußerlich zur Schau zu tragen. Sie war sehr freundlich ihren Kindern gegenüber, obgleich sie jedes einzelne sehr wohl verstand. Ist es doch dies Verstehen, und nicht die Liebe, welches das Vertrauensverhältnis zwischen Mutter und Kindern so natürlich, ob schon unausgesprochen, macht, so rückhaltlos, ob schon nichts gebeichtet wird, (es bedarf der Worte oder Blicke zwischen ihnen nicht; gegenseitiges Vertrauen umgibt sie, wie die Atemluft selbst). Ja, sicher ist es dies Verstehen, was eine Liebe dauerhaft macht.

Pappie, der keine Verwandten hatte, der frei und egoistisch war, verlangte von Mutter, die deren Viele besaß, sie solle sich von ihnen distanzieren. Ich kann mir gut vorstellen, daß sie sie ihm niemals ins Haus gebracht hat; wie auch, daß Pappie, schwach und wankelmütig wie er ist, es selber tat; aber im Innersten war sie den Ihren niemals gänzlich entfremdet. Dies zu sein, und zwar um Pappies willen, hätte bei Mutter eine leidenschaftlichere Veranlagung vorausgesetzt, als ihrer Natur gegeben war. Gesetzt den Fall, sie wäre darauf eingegangen, dann würde ein so hochgradiger Egoist wie Pappie sie deswegen nicht mehr geliebt, beziehungsweise falls etwas mehr geliebt, sie deswegen bestimmt nicht weniger brutal traktiert haben. Es spricht sehr zu ihren Gunsten, daß, inmitten von Nöten, bei denen es wahrlich schwer ist, immer sanft und sittig und nobel zu bleiben, Mutters Charakter sich als ebenso vornehm erwies, wie der von Pappie verkommen; und ein wenig Weisheit ist ihr auch zuteil geworden. Dennoch kann ich Mutter und Pappie schwerlich als absolut nicht zueinander passend betrachten; denn Mutter bewies Pappie gegenüber mehr als bloß christliche Geduld, weil sie das in ihm sah, was ich erst spät und unter beträchtlichen Schwierigkeiten in ihm entdeckt habe. Auch das ist merkwürdig, daß die paar ernstzunehmenden Freundschaften, die Pappie hatte – zum Beispiel mit Mr. Kelly[1] – bei uns im Haus, und, wie ich doch meinen möchte, unter Mutters leiser Einflußnahme geschlossen wurden; denn diese Freunde waren Mutter gegenüber kaum weniger freundlich, als im Verkehr mit ihm selbst. Mutter besaß bis zu allerletzt einen ausgeprägten Sinn für Humor, und konnte gewisse Personen ausgezeichnet nachmachen. Obschon verbraucht und herb, konnte Mutter bei ungewöhnlichen Anlässen ungewöhnliche Energie entwikkeln. Sie war eines selbstsüchtigen Säufers selbstloses Weib.

Mutter hat im ganzen siebzehn Kinder gehabt, von denen 9 zur Zeit am Leben sind.

Mutters Behandlung Poppie's[2] war ungerecht; nicht ganz so ungerecht, wie Pappies Behandlung von ihr, aber von

1 H: John Kelly, aus Tralee, ist der ›John Casey‹ im *Porträt des Künstlers.* – AdÜ: vgl. auch MBH, S. 37 ff.

2 H: Häuslicher Kosenamen für Margaret, die älteste Tochter der Familie, damals 19. – AdÜ: »Dies häusliche Leben damals bedrückte Margaret derart schwer, daß es ihr eine dauernde Daseinsscheu eingeflößt, und sie ein paar Jahre später dazu bewogen hat, Nonne zu werden«; ELL, S. 149.

genau derselben Sorte, (und vielleicht unbewußterweise ein bißchen nach diesem Vorbild gemodelt). Denn diese weiblichen Nirwana-Typen, die die schwersten Prüfungen resigniert auf sich nehmen, die sich unendliche Mühsale wie Asche auf die Häupter häufen lassen, und ihre Hoffnung nur auf eines noch setzen – nämlich daß ihre Kraft bis zum Lebensende ausreichen werde – eben diese machen sich aufs gereizteste Luft bei lächerlich kleinen Anlässen. Eines der am schwersten zu entschuldigenden Dinge ist ein zum Nörgeln geneigtes Gemüt; aber man muß in Anschlag bringen, daß Mutter erst in der letzten Zeit so geworden war; daß es sich mehr um eine Krankheitserscheinung handelte, bei Einer, die an Leberschrumpfung starb[1]; und endlich, daß es sich speziell gegen Poppie auf Grund einer Angewöhnung richtete, entstanden, als Poppie noch klein und äußerst widerspenstig war. Außerdem mußte Mutter zusehen, wie der Begriff ›leben‹ in unserm Hause ziemlich unchristlich ausgelegt wurde, und suchte sich konstant darüber hinweg zu täuschen, indem sie ihr eigenes Leben jenem Pfaffen-Kult weihte, in dem sie erzogen worden war. Sie stand auch insofern für ihren Katholizismus ein, als sie sich durch vieles davon-Sprechen gleichsam in beständiger Überzeugung erhalten wollte – genau das, was man Unechtheit nennt. Mutters Religion hieß imgrunde ›Ergebung‹, und sie fühlte ständig die Blicke Ungläubiger auf sich ruhen.

Jim hat sich in letzter Zeit, was Frauen anbelangt, zum blasierten Gecken entwickelt; er affektiert, sie wie schmutzige Tierchen zu betrachten, und zitiert häufig ein Bonmot von Dr. Perse.[2]

1 H: Stanislaus hatte zuerst ›Krebs‹ geschrieben; es jedoch dann berichtigt. – AdÜ: ELL merkt nachdenklich an, wie ausgerechnet *die* Krankheit ja doch wohl weit besser dem Vater angestanden hätte.

2 N: ›Das Weib‹ ist ein Tier, das täglich 1 Mal uriniert; wöchentlich 1 Mal den Darm entleert; monatlich 1 Mal menstruiert; und jährlich 1 Mal gebiert.

Katsy Murray gehört zu dem Typ, den die mittelalterlichen Scholastiker meinten, wenn sie vom ›Hochmut des Fleisches‹[1] sprachen.

Die Murray's kennen den Wert von Küssen nicht.

29. Februar 1904

Das jüngere der Fräulein Nolan trägt ihr Haar sehr geschmackvoll auf altertümliche Weise, in der Mitte gescheitelt, an den Seiten glatt angekämmt; es ist schwarz und hängt hinten als großes Geflecht herunter. Sie ist hübsch, und sieht aus, wie wenn sie aus einer der Illustrationen von Cruikshank zu Dickens herausspaziert wäre. Ich hab' ihr den Spitznamen ›Dora‹ gegeben.[2]

Mary Sheehy[3] hat ein sehr angenehmes Organ, wenn sie spricht, und ein gewinnendes Lachen. Sie wirkt glücklich und träge, und ist oft amüsiert. Ihrer äußeren Ruhe liegt, wie ich meine, ein heiteres Gemüt zugrunde. Sie ist sehr hübsch, hat weiches schwarzes Haar, und trägt einen enormen geflochtenen Dutt.

Die Iren werden gewöhnlich so dargestellt, wie wenn sie eine Heidenangst vor der Satire ihrer ambulanten Poeten hätten. Bei dieser ›Satire‹ handelt es sich imgrunde um die, in unserem Lande allerdings ausgesprochen grassiernde Gewohnheit, Spitznamen zu verleihen. Dem entgeht kaum Jemand. Unter denen, die ich weiß, sind zum Beispiel folgende: Pappie nennt Onkel John den ›Kornettspieler‹[4],

1 AdÜ: vgl. STH, S. 71 und 202 Fußnote.

2 AdÜ: vgl. Dickens, *David Copperfield.*

3 H: Mary Sheehy, später verehelichte Frau Thomas Kettle, war nach Stanislaus' Bericht das erste Mädchen, für das James ein tieferes Gefühl empfand. – AdÜ: vgl. hierzu MBH, S. 204 ff. An sie ist auch das Gedicht Nr. XII der *Kammermusik* gerichtet.

4 H: John Murray, ein anderer Bruder von Frau Joyce, ist der ›Rote Murray‹ der ›Äolus‹-Episode im *Odysseus.* In der ›Plankten‹-Episode

dessen Frau ›Amina‹ und ›La Somnambula‹[1], und William Field ›Hamlet‹ [2]. Gogarty nennt O'Leary Curtis [3] den ›japanischen Jesus‹; Jim ›Kinch‹ [4]; mich den ›Thug‹ [5]; ›AE‹ die

spricht Simon Dädalus dann direkt von »Deinem Onkel John, dem Kornettspieler«. – AdÜ: ›Simon Dädalus‹ ist der ›Pappie‹ des vorliegenden Tagebuches. John Murray erscheint auch in ›Lehm‹ (DUB).

1 AdÜ: Das nachtwandelnd weissagende Landmädchen Amina ist bekanntlich die Heldin in Bellini's ›Sonnambula‹; vgl. OD, S. 258.

2 H: Field war Fleischer in Blackrock und Parlamentsmitglied; er figuriert in der ›Nestor‹-Episode des OD.

3 H: Curtis war Journalist, und wird mit Namen in James Joyce's *Gas aus einem Brenner* erwähnt. Außerdem ist er der ›O'Madden Burke‹ aus ›Eine Mutter‹ (DUB), und im ›Äolus‹ des OD.

4 AdÜ: »Oh, mein Name für Dich ist schon der beste: ›Kinch, die Messerklinge‹«, läßt Joyce auf S. 2 des OD ›Buck Mulligan‹-Gogarty selbstzufrieden äußern. In späteren Jahren hat Gogarty angegeben, daß besagtes ›kinch‹ gedacht gewesen wäre, das Schneidegeräusch eines Messers fonetisch wiederzugeben. – Nun ist aber bekannt, daß G.'s ›späteren Angaben‹ ebensowenig zu trauen ist, wie denen von J. Joyce auch; und genauere Beobachtungen im Dunkelfeld – dort wo sich Privatleben und Kunstwerk überschneiden, und Unbewußtes, in Worte vermummelt, herumkellerasselt – dürften noch etwas anderes ergeben. Denn ›kinch‹, (eine ganz legitime Kurzform von ›kinchin‹), wird z. B. in Dekker's *Belman of London* (1608) so definiert: »Die letzte Klasse dieser Runnagates« – ein ›Portemanteau-Wort‹ von wahrhaft Finneganschen Proportionen, eine Bellealliance aus ›Renegat‹ & ›Rumtreiber vor den Toren‹ – »nehmen die ›Kinchyns‹ ein; kleine Jungen, deren Eltern (meist Bettler) tot, oder die sonst anderweitig ihren Meistern aus der Lehre gelaufen sind; und die nun, anstatt sich eines Broterwerbs zu befleißigen, aus Faulheit lieber der genannten Lebensweise obliegen. Das erste, was diese Kinchyns tun, ist, das Gaunerrotwelsch aus dem Grunde zu erlernen; und das einzige, was sie fürderhin eifrig betreiben, besteht im Einsteigen durch Fenster und Kellertüren«: alles Definitionen, die mit einigem Witz und bösem Willen auf den James Joyce jener Tage anzuwenden waren; zur Ergänzung diene Harman's Bemerkung im *Caveat*: das beste sei, diese jungen Ganoven nicht erst lange groß zu ziehen, sondern beizeiten zu hängen; (denn ›kinch‹ ist eben auch offiziell eine ›laufende Seilschlinge‹, z. B. des Henkers). Daß diese Bedeutung eines knospenden Galgenvogels damals nicht etwa ausgestorben war, kann Jedem der *Oliver Twist* des, was

Slang betrifft, vorbildlich informierten, Charles Dickens belegen. (Ganz idealische Joyce-Verehrer dürfen dafür an den Riesenberg des Himalaya denken, den ›Kinchinjunga‹; den die Engländer, beliebter Kürze halber, ›Kinch‹ nennen, die Deutschen ›Kandsch‹). Da sowohl Gogarty wie Joyce, was Autoren der Shakespeare-Zeit betrifft, notorisch gut belesen waren – vgl. u. a. MBH, S. 320 f. – wäre die vorstehend gegebene Konjektur nicht ohne weiteres von der Hand zu weisen; und ebenso wäre das in Anschlag zu bringen, daß auch ›Buck Mulligan‹ nun wiederum einen kleinen Racheakt James Joyce's darstellen könnte. Denn ein ›mulligan‹ ist ein ›hobo‹, ein ›Müßiggänger und Walzbruder‹; und ›buck‹ birgt unter seinen vielen, hier möglicherweise zuständigen Slang-Bedeutungen (Dollar, Bock, Dandy, Tierarzt, Pfaffe; alles Anschmitzungen, für die Gogarty allenfalls Materialien lieferte) vor allem die eines ›Bilanzfälschers‹ – und da hat ja nun notorisch beider Leben hindurch ständig etwas wie eine ›Abrechnung‹, sei es in Gedanken, in Wort oder Schrift, stattgefunden.

5 AdÜ: vgl. den Limerick auf S. 47. Die ›Thugs‹ (oder ›Phansigars‹) waren eine der unsympathischeren indischen Sekten, deren in Europa bekanntester Gebrauch in dem – natürlich liturgisch genau geregelten, (falls das ein Trost sein kann) – Erwürgen von Wanderern bestand. Anlaß zu dem etwas makabren Beinamen könnten sowohl Stanislaus' subtropisch-olivenfarbiger Teint, und sein verdrossenes Hinterdreinbummeln hinter James und dessen Freunden gewesen sein, als auch die Ringungen, die er nahezu allabendlich im engeren Familienkreise auszutragen hatte – nämlich mit den betrunken antanzenden Pappie oder Jim oder Charlie; manchmal auch mit allen Dreien gleichzeitig, (vgl. MBH, S. 325). Auf jeden Fall bescheinigen ihm James' Werke sowohl die (höchstwahrscheinlich auf gallige Gelbsucht zurückzuführende; also eher bemitleidenswerte) Hautfarbe – STH, S. 64 des ›morosen Maurice‹ »feierliches olivenfarbenes Gesicht«; in welche Richtung ebenso das ständige ›olive, Oliver, bark Ulivengreen‹ und das ›Jaun‹ (von ›jaundice-Gelbsucht‹) des FW zu rechnen sind – als auch das in FW immer wieder angespielte ›Würgen‹: »Sully the Thug« tritt Ss. 15, 212, 495, 618 auf, und der Held bezeichnet sich gern als »garroted person« (78), als die ›gewürgte Persönlichkeit‹. Hierher gehört auch das alpdrückige Stöhnen der S. 403: »Jugurtha!«; das einmal vom Fonetischen her als ›you garroter!‹ zu lesen ist, vom Historischen her an einen ›gewürgten König‹ erinnert, bei dem ja jedem Schulkind ›Sulla‹ einfällt, und man aufgrund der kuriosen Lagerung der Worte & Begriffe im Gehirn automatisch weiter akrobatschelt, über ›Sully‹ (siehe oben) und ›sullen‹ gleich ›morose‹ gleich ›Maurice‹ (STH und FW S. 121, 123 u. ö.) – womit man auch von dieser Seite her

›Leichenfratze‹ [1]. Jim nennt ›John Eglinton‹ [2] die ›schreckliche Jungfrau‹. Pappie nennt Tante Josephine die ›Robbe‹, ›Tantchen Humpelbein‹ [3]. Mutter pflegte Mr. Richard Thornton [4], (ein amüsanter, kleiner ältlicher Mann, robust und blühend), ›Piepmatz Dick‹ zu nennen. Ich selbst habe Gogarty die ›Puppe‹ getauft, weil er mich an eine Gummipuppe erinnert; und einen jungen Mann namens Kelly, (der bei den Sheehy's verkehrt; ein vierschrötiger, brünetter Bursche), das ›Froschgesicht‹.

wieder bei Stanislaus angelangt wäre, der den Großen Bruder später in Triest nun einmal, da hilft kein Beschönigen, notorisch verdroschen hat.

1 AdÜ: Mit ›AE‹ zeichnete der irische Lyriker, Essayist, und Maler George William Russell (1867–1935) seine Artikel. (Als Kuriosum sei erwähnt, daß solches ›AE‹ ursprünglich auf den Irrtum eines Setzers zurückging, der das hochtrabende Pseudonym ›Aeon‹ nicht zu entziffern vermochte; wozu vgl. OD, S. 154 und 184.) Am berufensten jedoch war er als Theosoph und Spiritist, und Joyce verhöhnt ihn darob in seiner Satire ›Die Heilige Inquisition‹:

Der, als auf weichem Pfühl er nickte,
Herrn Jesus ohne Kopf erblickte;
und uns per Hellsehn will beglücken
mit Äschylus' verlornen Stücken.

2 H: Pseudonym für W. K. Magee, Lyriker und Essayist, angestellt bei der Verwaltung der National-Bibliothek; er erscheint im *Odysseus*, – AdÜ: und zwar ab S. 172, in der Episode von ›Skylla & Charybdis‹, die in eben jener Bibliothek spielt. Vgl. auch hierzu MBH, S. 328–331; sowie James Joyce's Limerick auf ihn:

Von Beruf ist er Bibliothekaner;
dem Essay-Stil nach Spencerianer;
man benamst ihn ›Magie‹ –
doch mir wirkt er mehr wie
ein neukeltischer Presbyterianer.

3 AdÜ: vgl. *Scribbledehobble* S. 125.

4 H: Richard Thornton, von Beruf Tee-Koster, hat das Modell für den ›Tom Kernan‹ abgegeben, der in der Novelle ›Gnade‹ der DUB erscheint, und im OD. – AdÜ: z. B. in der ›Hades‹-Episode, u. ö.; vgl. auch MBH 297.

Meine Schwester Eva erinnert mich an die ›Marquise‹ im *Antiquitätenladen*[1].

Jim behauptet, er sei kein Artist. Ich glaube, er lebt aus der Anregung des Augenblicks heraus.

29. Februar 1904

Die weisen Jungfrauen freuen sich der Gesellschaft des bedürftigen jungen Genius. Sie sind glücklich, wenn er in die Tür tritt. Sie lachen ihn an, oder mit ihm, oder für ihn; und machen das Herz des Einfältigen neiderfüllt. Und man hat ihn im Verdacht des ›Lebenswandels‹! Sie überhäufen ihn mit schmeichelhaftesten Aufmerksamkeiten; einem Interesse, das fast die Gestalt eines Wunsches hat – und das einen ganzen langen Abend hindurch anhält – ihn vor sich selbst zu beschützen, und das die heimliche, scheue Bewunderung ihrer Augen deutlich verrät – denn es liegt auf der Hand, wie sie etwas argwöhnen, nach dem sie schlauerweise auch mit dem kürzesten Blick lieber nicht fragen. Freundschaft, lächelnde, unausgesprochene Freundschaft, besteht zwischen ihnen; aber mehr auch nicht: nachts, auf der Landstraße, möchten sie ihm mit nichten allein begegnen; und von Heiraten ist gleich gar keine Rede.

Welchen Ehrgeiz hegt der Lakai des Helden?

Es ist allwichtig, mir ständig vor Augen zu halten, daß es sich bei Pappie um meinen Vater handelt. Nicht daß mich das irgend beeinflussen könnte, ihn anders zu sehen, als er ist; aber es kann helfen, mir darzutun, wieso ich es ganz natürlich finde, Sachen von ihm einzustecken, die ich garantiert von keinem Anderen dulden würde.

Jim behauptet, er besitze einen Instinkt für Frauen. Er

1 H: die damals 12-jährige Eva war die vierte Tochter. – AdÜ: Um den vollen Sinn (auch der Bitterkeit) des Namens zu würdigen, sei Dickens' Roman zum Nachlesen empfohlen; er erscheint u. a. FW 434.

spricht kaum jemals anständig von ihnen, auch von Denen, die er mag, nicht; vielmehr redet er, wie wenn es sich um warme, sammethäutige Tierchen handele. »Die & die würde Einen bestimmt großartig auf Touren bringen«; »Ich könnte mir vorstellen, daß sie so richtig warm zwischen den Schenkeln ist«; »Ich möchte sagen, Die wakkelt garantiert grandios mit«.

Charlie ist eine absurde Kreatur. Er ist töricht; ein eitler und stupider Prahlhans, dazu übermäßig sentimental, und hat die Angewohnheit, Leute die er kennt, unbewußt nachzuahmen. Er hört sich gern selbst aufschneiden; und erachtet sich dabei, was charakteristisch für seinen Typ ist, sogar noch besonders klug. Er ist lebhaft und redselig; obschon auf etwas dümmliche Weise. Dennoch ist er mutig; und, zumal Autoritäten gegenüber, keck. Wenn er lärmt und angibt, ist er, wenn auch ungeschliffen und zu laut, ein ganz amüsanter Clown; dazu äußerlich rundschultrig, etwas täppisch, und von Natur aus enorm kräftig. Trotzdem kann er, wenn es ihm so paßt, auch schweigen. Ich bilde mir immer ein, man hat das in seiner Kindheit in ihn hineingeprügelt, weil man ihn einfach für einen Omadhaun[1] hielt. Er besitzt, obwohl praktisch ganz ohne Schule, Schriftstellertalent, und verfaßt sogar Verse.[2] Gelegentlich gelingt ihm eine ordentliche Wendung, ein musikalischer Effekt oder eine anmutige Formulierung; aber er ist viel zu sehr von der Neigung zu schwülstigem Pathos besessen. Man kann an ihm unschwer erkennen, wie auch er an dem allgemeinen Familienleiden ›Selbst-Erkenntnis‹ laboriert, das uns pausenlos darüber informiert, was wir getan haben; warum wir es getan haben; und das uns gar nicht schmeichelt. Uns alle sucht dieser erbliche Horla heim[3], – der meine quält

1 H: irisch ›Einfaltspinsel‹. – AdÜ: vgl. ›Gnade‹ in den DUB, S. 128.

2 AdÜ: vgl. hierzu MBH, S. 325–327.

3 H: Anspielung auf Maupassant's Erzählung ›Le Horla‹. – AdÜ: die, 1887 erschienen, einen menschenquälenden Alp schildert.

mich besonders – und veranlaßt uns zu einem Auftreten, das unsre Verwandten irrtümlicherweise für Stolz ansehen. Charlie ist für sein Alter (17) groß; sieht gut aus, (obwohl seine Züge weiblich klein sind), mit sehr dichtem schwarzem Haar; und trägt, um ein leichtes Schielen zu korrigieren, eine Brille; (er wirkt frappant wie ein Yeats en miniature). Aber wie Alle, die nicht sehr intelligent sind und gleichzeitig schlecht behandelt wurden, ist er halsstarrig, und, wo er die Macht dazu hat, sogar tyrannisch. Ich glaube nicht, daß sein musikalischer Geschmack besonders gut ist; obschon er als Junge einen ungewöhnlich guten Diskant sang. Er trinkt; er raucht; er hat ein bißchen gehurt; ist aber ein guter Katholik. Ich glaube nicht, daß er einen vorbildlichen Ehemann abgeben würde.

Abgesehen von bloßem Familiengefühl und brüderlicher Freundschaft, hat Charlie Georgie[1] am liebsten gehabt – weit mehr als sonst Einer im ganzen Hause.

Georgie war sehr hübsch – frappant Jim ähnlich, aber mit kühneren und regelmäßigeren Gesichtszügen. Er war ein regelrechter junger Heide, mit sehr lebhafter Gesichtsfarbe, bräunlicher Haut, und hatte schöne lange Hände. Er war etwas über Mittelgröße, aber gewandt; und immer sehr ordentlich in seiner, obschon natürlich abgeschabten, Kleidung. Er war auf eine hinreißende Weise selbstsüchtig und zu Streichen aufgelegt, und hatte ein lautes Gelächter wie Wasserschallen – ein Homerisches Gelächter. Er war sehr klug und feinfühlig, und erregbar und feige. Er nahm Jim sehr ernst; und fing, glaube ich, bereits an, mehr als nur von Natur aus ein Heide zu sein. Der Priester, der ihn während seiner letzten Krankheit besuchte, fühlte sich sehr von ihm angezogen, und äußerte, Georgie hätte ein ganz ungewöhn-

1 H: Der jüngste Sohn der Familie, der am 9. März 1902 im Alter von 14 Jahren gestorben war. Nach diesem Bruder nannte James später seinen eigenen Sohn. – AdÜ: vgl. hierzu die Schlußszene der ›Kirke‹-Episode im OD, S. 573 f.

liches Gemüt für einen Jungen. Man veranstaltete für ihn auch ein öffentliches Begräbnis von Belvedere College aus, wo er der allgemeine Liebling war, (der einzige, dessen ich mich in 10 Jahren entsinnen kann). Er war nicht im geringsten sentimental, vielmehr eher ungerührt. Sein Schweigen stand ihm ausgezeichnet, und er war oft sehr ruhig. Er war ein äußerst anregender Zuhörer, und neigte, wenn aufgeregt, zu leichtem Stottern. Jim pflegte ihm gegenüber völlig rückhaltlos zu sprechen, da er sicher sein konnte, auf intelligentes Verständnis zu stoßen und eine obschon ins Lächerliche gezogene, so doch echte Bewunderung. Er hat in seinem 15. Jahr sterben müssen, weil ein stupider Doktor seine typhöse Bauchfellentzündung schlampig behandelte.[1] Pappie pflegte ihn ›Nipper‹ zu rufen.[2] Unsere Verwandten mochten ihn nicht.

Pappie hegte keine Zuneigung für ihn.

Ich hab' ihn sehr gern gehabt; obgleich nicht so sehr wie Charlie; der sein ständiger Begleiter war. Er war der ›Jüngste Sohn‹ – der ›Kadett‹ der Familie.[3]

Jim hat oftmals alberne Manieren und ist unhöflich. Für mich besteht kein Zweifel, daß er ein Dichter ist, ein lyrischer Dichter; dennoch dürfte er ein noch größerer Meister der Prosa sein. Möglicherweise ist er ein Genie – was mir äußerst wahrscheinlich dünkt – aber daß er noch nicht zu sich selbst gefunden hat, ist augenfällig.

1 AdÜ: vgl. MBH, S. 183 ff.

2 AdÜ: Höchstwahrscheinlich nach dem, Juni 1892 im ›Idler‹ abgedruckten ›Couplet‹ des seinerzeit beliebten Schlager-Sängers Albert Chevalier:

mein kleiner Nipper, legt der los und spinnt,
ich wett' Euch 40 Guineas gegen 1,
Ihr denkt, er sei der Alte, ich das Kind!

3 N: Ich habe Charlie letzthin besser kennen gelernt, und möchte doch argwöhnen, daß seiner Zuneigung eine mächtige Portion sentimentaler Rührseligkeit beigemischt war. Vermutlich ist, wie gewöhnlich, Jim's Zuneigung die echteste gewesen.

Der Haushalt ist (wie immer seit Menschengedenken) unerträglich vor Zank und Hader und skurrilen Stänkereien. Ein richtiger lauter Krach kommt fast wie eine Erlösung.

Tante Josephine, Onkel Willie und alle Ihrigen sind sehr nett zu Jim. Ich für mein Teil verkehre nicht dort; denn ich hege das Vorurteil, daß Onkel Willie's Freundschaft nicht zuverlässig ist.

10. Januar 1904

May[1] ist ein bequemes, fettes Mädchen, langsam und ziemlich pausbäckig. Sie tut praktisch keinen, oder doch so gut wie keinen, Handschlag im Haushalt; und ist auch mit Gewalt zu keiner Arbeit zu zwingen, sie sei denn ganz leicht und angenehm. Sie hat am meisten an Mutters Krankenbett gewacht, die sie gern um sich hatte. Sie ist sehr sensibel, und hat die Gabe, an allem das Komische herauszufinden. Stimme hat sie nicht; liebt aber Musik, und ist nicht dumm in dieser Beziehung. Über Eileen amüsiert sie sich. Von allen Mädchen bei uns ist sie die einzige, die über etwas wie intellektuelle Neubegier verfügt. Ich glaube nicht, daß sie auf die Länge Katholikin bleiben wird; denn sonderlich viel Religion scheint sie nicht zu besitzen, sieht über sich selbst klar, und gebietet außerdem über einen sturen Mut. Sie sieht Priester mit keinerlei anderen Augen an, als denen, aus denen sie sich, sagen wir, Pappie's Freunde besieht, oder auch Pappie selbst. Sie beschrieb mir einmal einen Priester als »weißt Du nich ? – : so ein fetter Bursch, mit verqueren Augen«, und fing dann an zu lachen. Ich hab' sie gern.

Eileen[2] ist älter als May. Sie ist sehr blaß, hat ein aus-

1 H: May, die auf 14 zuging, war die dritte Tochter.

2 H: Eileen, fast 15, war die zweite Tochter. – AdÜ: Nachdem James Joyce im Okt. 1904 mit Nora Barnacle nach Triest gezogen war, richtete er dort im Laufe der nächsten Jahre eine ausgesprochene Filiale

drucksloses Gesicht, und dünnes blondes Haar. Man würde sie wohl als hübsch bezeichnen. Sie ist nicht klug, aber von sehr rascher Auffassungsgabe, und dazu unnachahmlich spaßig, ja sogar witzig. Sie arbeitet schwer im Haushalt mit, und scheint es, da sie gesund und kräftig ist, gern zu tun. Sie hat einen schönen, wohlklingenden Contralto, aber keinen Geschmack für Musik.[1] Sie ist gedankenlos, macht sich über nichts Sorgen, und Diejenigen, die sie näher kennen, ziehen sie May im allgemeinen weit vor. Sie lacht äußerst selten; trägt vielmehr ein unbewegliches Pokergesicht zur Schau, und macht dafür die Andern lachen. Wenn sie lacht, ist ihr Lachen das eines Contraltos. Sie tanzt mit Leichtigkeit.

Poppie ist eine Frau, und hat das Anziehende einer Frau; auch eine hübsche Stimme, die aber, wenn sie singt, zu klein ist; dazu schöne Augen, und ein besonders frauliches Wesen. Sie hat schlicht Mutters Nachfolge angetreten, und bringt es – obwohl ohne Schulbildung, und ohnehin nicht übermäßig intelligent – von sich aus fertig, ihre jüngeren Schwestern in Klosterschulen unterzubringen. Von Pappie erfährt sie keine

des Dubliner Haushaltes ein; indem er erst Bruder Stanislaus nachholte, dann die eine Schwester Eva, und endlich noch Eileen; sodaß zeitweise je 4 Joyce-Geschwister ebenso in Triest wie in Dublin lebten. – Eileen scheint eine beträchtliche Rolle in FW zu spielen, nämlich als ›Reinmachefrau‹ und ›Henne‹, bei Deren Auftreten sogleich & auffällig Derivate von ›Ei‹ und ›lean‹ herumzuspuken beginnen; z. B. S. 79 *»a lane* picture ... her *lean* besom *clean*ed«; 94 »amigd*aleine eyes«;* 111 »B*elin*da«; 211 »Kate the *Clean*er«; und immer fürder, über »Countess Cath*oleen«* und das Hühner-»Tuck-Tuck« der S. 141 f., bis endlich, auf S. 210, beide Schwestern, Eva und Eileen, offen mit Namen genannt werden.

1 N: Eileen's Stimme ist, meines Erachtens, dabei, sehr schön zu werden, und entwickelt sich zu einem hohen Sopran. Pappie meint – da seine Stimme ebenfalls zuerst Tiefe hatte und ein Contralto zu werden versprach – daß Eileen dereinst imstande sein müßte, etwas daraus zu machen.

Hülfe, bloß Anpöbelungen. Zu ihren Pflichten rechnet sie auch die, die jüngeren Kinder mit Respekt von Pappie sprechen zu lehren, und ihre diesbezüglichen Argumente sind *ganz reizend*[1] in ihrer Unzulänglichkeit. Musik liebt sie, versteht aber nichts davon. Auf dem Klavier hat sie einen guten, ja, merkwürdigerweise sogar starken Anschlag. Daß Jim und Charlie Huren benützen, hat sie seit Kurzem erfahren.

Jim ist unbeständig.

Charlie ist im Begriff, zur Bühne zu gehen. Auswärtiges Engagement.[2]

29. März 1904

Ich habe den Titel für einen Text Jim's vorgeschlagen, der vergangenen Februar für eine neue Zeitschrift, die den Namen *Dana* tragen sollte, bestellt worden war. Jetzt ist fast schon April, und die Zeitschrift ist immer noch nicht erschienen.[3] Der Text – dessen Titel ›*Ein Porträt des Künstlers*‹ war – ist von den Herausgebern, Magee (›John Eglinton‹) und F. Ryan[4], abgelehnt worden, der sexuellen Erlebnisse wegen, die darin beschrieben werden – zumindest war das der eine Grund, den sie angegeben haben. Jim hat den Text zu einem Roman ausgebaut, dessen Titel – *Stephen Hero* – ebenfalls mein Vorschlag war. Er hat bis jetzt 11 Kapitel fertig. Die Kapitel sind ungewöhnlich gut geschrie-

1 N: Puh, was für'n Wort! *Goethe* hat es irgendwie aufgebracht, beim Versuch, die ganze Welt zu einer Sozietät für Gegenseitige Bewunderung umzugestalten. Ich meine natürlich ›putzig‹. – AdÜ: alle diese Schwestern erscheinen als Maggie, Dilly, Katey und Boody Dedalus im OD, vor allem Ss. 213 f., 230, 582.

2 AdÜ: Vgl. MBH, S. 326.

3 H: Die erste Nummer von ›Dana‹ kam im Mai heraus.

4 H: Frederick Ryan war auch Sekretär der Vereinigung zur Erneuerung des Irischen Theaters.

ben, in einem Stil, der mir gänzlich originell dünkt. Es wird eine verzerrte Autobiographie, und gleichzeitig eine wüste Satire. Er läßt nahezu alle seine Bekannten darin auftreten, und die katholische Kirche kommt auch für eine böse Viertelstunde an den Reihen. Die Namen vieler Gestalten sind auf meine Vorschläge zurückzuführen, wobei ich von onomatopöischen Grundsätzen ausging.[1]

Alles was ich Jim verdanke, verdanke ich seinem lebendigen Beispiel; denn was Kritik anbelangt, ermutigt er Einen nicht gerade. Als ich zuerst ein Tagebuch zu führen begann, informierte er mich, daß aus mir niemals ein Prosaschreiber werden würde; und daß mein Tagebuch hochgradig uninteressant sei, mit Ausnahme der Stellen, die von ihm handelten. (Es war auch tatsächlich ein reines Journal seines Lebens, das meine Gespräche mit ihm, bzw. die seinigen mit irischen Literaten, Dichtern, usw., so ausführlich wiedergab, daß eine Einzeleintragung mehrfach 3, ja 4 engbeschriebene Folioseiten füllte. Ich übergab es als Brandopfer den Flammen. – Aber vielleicht ist Jim als Gesamtfänomen doch einiges diesem, ihm ständig vorgehaltenen Spiegel schuldig geworden. Er hat mich, möchte ich meinen, benützt, wie ein Fleischer seinen Wetzstahl zum Messerschärfen benützt.[2] Er erklärte mir, ich erinnere ihn an Gogarty's Beschreibung von Magee, ›der jedesmal erst fortzen müsse ehe er denken könne‹; auch hat er eine Epifanie von einem ›trägen Polarbären‹ über mich geschrieben[3]; und pflegte überdem mehr-

1 N: Einige der Namen habe ich wie folgt parodiert: Pappie ›Säufzender Simon‹, Jim ›Stolzierender Stephen‹; ich selbst ›Moroser Moritz‹; die Schwester ›Imbezile Isabel‹; Tante Josephine (Tante Brigid) ›Brammelnde Brigid‹; Onkel Willie (Uncle Jim) ›Jalousie-Jim‹.

2 H: »Wo ist Dein Bruder? Zentralprüfstelle für Apotheker. Mein Wetzstein.«; OD, S. 199. – AdÜ: vgl. MBH, S. 119; Auch FW 13 »Wheatstone's magic lyer«, und 191 »Our handsome young spirituel physician, that was to be«.

3 H: vgl. ›Ein weißer Nebel fällt in langsamen Flocken‹, in *Epi-*

fach zu äußern ich sei ein ›dickschädliger Erz-Narr‹, ja ein ›trivialer junger Mensch‹[1]. Er hat mich schon, während ich ernstlichst dem zuhörte, was er dozierte, geheißen, ›doch bitte mein Gesicht wegzudrehen, da es ihn langweile‹. Eines Abends, als ich, das ein- und andre überdenkend, auf dem Rücken im Bett lag, sagte Jim, der mich von dem seinen aus beobachtete, plötzlich: »Die Frau möcht' ich auch mal nich' sein, die morgens aufwacht, und neben sich auf dem Kissen Deine Schnauze erblickt!«. Letzthin hat er mir mitgeteilt, ich hätte die richtige Vorstellung vom Prosaschreiben, und hat meine Methode mit der seinigen verglichen, als er jung war, (wobei er über seine eigene lachte). Auch hat er mir gesagt, wie er meine, ich sei witziger als Oscar Wilde. Früher habe ich ihm geglaubt, weil er mir praktisch meine eigene Meinung über mich selbst aussprach; jetzt kann ich seinem Urteil nicht trauen. Er hat mich weiterhin informiert, meine Stimme sei ausdruckslos und unangenehm; obgleich es Viele gibt, denen sie sehr gefällt. Dennoch hat mir bisher Keiner von denen, deren Urteilsfähigkeit ich schätze, gesagt, ihm gefalle sie; und ich kann nicht umhin, Jim zu glauben; denn meine Stimme ermüdet mir die Kehle und langweilt mich selbst. Erhöre uns Christus, erhöre uns, Christ voller Gnaden. [2]

Jim brachte seine Bewunderung für Italiener und seine Verachtung Rossettis dadurch in Einklang, daß er Rossetti einen ›Eiskrem-Italiener‹ nannte.

Ich habe Mr. Kane[3] den ›Green Street Shakespeare‹ genannt.

phanien (New York, 1956), herausgegeben von O. A. Silverman. – AdÜ: übersetzt in MBH, S. 175 f.

1 AdÜ: im Englischen gleichzeitig Wortspiel mit ›to commonplace-Collectaneen und Notizen in ein Heft eintragen‹.

2 AdÜ: vgl. FW 258; »Loud, heer us, Loud graciously heer us.«

3 H: Matthew Kane, Büroangestellter im Unterstaatssekretariat für Justiz, war das Modell für den ›Martin Cunningham‹ des OD und der

Das ist mir sehr unangenehm, daß ich eine ›typisch irische‹ Kopfform haben soll; und zwar nicht vom Typ Pavian-Fratze, sondern den großen Quadratschädel mit niedriger Stirn à la O'Connell [1] und Curran [2].

Jim scheint unter den jungen Männern, mit denen er bekannt geworden ist, zahlreiche Freunde zu haben.

Charlie's Katholizismus ist platterdings unerträglich; er ist der typische verhunzte Priester, bis in die Fingerspitzen hinein. Sein ganzes Geschwafel dreht sich immer nur um Pater Dingsda und Pater So-und-so; um diese Kirche und um jene Kirche; was er zu dem inneren Missionar gesagt hat, und wie alle Leute ihnen ehrerbietig zusahen. Er hört sich selbst gern zu, wie er Priester kritisiert. Andachtsübungen betreffend, doziert er Dogmatik, wie Einer, der alle beruflichen Tricks aus dem Effeff kennt. Sein neuestes Vorbild ist Pater Brennan; er pustet schon beim Sprechen genau wie Jener.

Zu May hin (die er, ihrer eigenen Aussage nach, langweilt): »Oh, Du weißt (pffh), Du kannst die Sieben Visiten [3] machen, ohne weiter als bis Phibsboro zu müssen (pffh), ohne eine einzige andere Kapelle betreten zu brauchen (pffh). Aber es wird natürlich erwartet, daß Du, wenn irgend möglich, 7 verschiedene Kapellen besuchst (pffh). Heute nun, zum Exempel (pffh), ging ich-ä« undsoweiter. Hier griff ich nach meiner Kerze, und verfügte mich nach oben ins Bett.

DUB; es hieß allgemein, er habe große Ähnlichkeit mit Shakespeare. – AdÜ: vgl: OD 537, die Erzählung ›Gnade‹ der DUB, S. 126, und MBH S. 296;

1 AdÜ: Daniel O'Connell (1775-1847), der irische Nationalheld und ›Befreier‹; der übrigens tatsächlich ein Cousin der Großmutter von James und Stanislaus war.

2 AdÜ: John Philpot Curran (1750–1817), ebenfalls ein irischer Politiker; erwähnt OD S. 129; und FW, S. 93.

3 AdÜ: eines der zahlreichen Marienfeste.

Poet Kinch's jüngrer Bruder heißt ›Thug‹,
vom Kopisten- und Handlanger-Pack.
Er gibt an wie ein Lord,
und ist mit einem Wort
ein abscheulich schwerfälliger Schlacks.

Dick Sheehy[1] ist ein ausgesprochener ›Dick‹ – der Große Fußballer-Bruder.

Meine Geisteshaltung ist diejenige, die in eigener Sache nicht entscheidet.

J. F. Byrne's[2] Urteile über Leute, werden grundsätzlich beeinträchtigt durch seine Neigung zum Anklagen.

Jim hat die erste Voraussetzung zum Heros – er ist, so seltsam es sich anhört, nobel; und auch die erste Voraussetzung zum lyrischen Poeten – er ist höchst empfänglich. Seine Liebesaffären atmen den echten Hauch der Realität. Die vorletzte war seine Cousine Katsy Murray – ein Kind. Die augenblickliche heißt Mary Sheehy.

Mary Sheehy sieht gut aus und hat eine schöne Stimme, ist aber von ungraziöser Gestalt. Sie ist romantisch, aber gleichzeitig klug und sensibel, und folglich unbefriedigt. Sie dürstet nach dem Heros.

Frau Sheehy-Skeffington (née Hannah Sheehy)[3] ist bis in ihr 27. Jahr Studentin gewesen – dennoch glaube ich, daß sie weder für studentisches Leben Sympathien übrig hat,

1 H: Von den jüngeren Mitgliedern der gastfreundlichen Familie Sheehy, war dieser Richard am engsten mit James Joyce liiert. – AdÜ: vgl. MBH, 110 ff., 156 ff.; Dick speziell auf S. 159.

2 H: J. F. Byrne, in gewissem Sinne James Joyce's intimster Jugendfreund, erscheint als ›Cranly‹ im PDK. – AdÜ: ebenso im STH; vgl. vor allem MBH, S. 230 ff. – Byrne's Buch *Silent Years* (New York, 1953), das über die Dubliner Jugendjahre mit Joyce berichtet, verdiente bekannter zu sein.

3 H: Gattin von Francis Skeffington; der nach der Heirat den Namen seiner Frau dem seinigen anfügte. – AdÜ: vgl. hierzu MBH, zumal die Ss. 156 f.

noch jene singulären abgespaltenen Persönlichkeiten begreifen kann, die der Welt Poeten, Künstler und Eigenbrödler liefern, die Shakespeare's und die Rimbaud's. Sie ist ein praktisch gesinntes Tierlein, und betrachtet Alle, die nicht arbeiten, als wertlos; in der klaren Erkenntnis, daß Männer dieses Schlages ihren und ihrer Art Zwecken nicht förderlich sind.

Manche Namen erfüllen mich mit einer seltsamen und verstörenden Lust.

Ein Medizinstudent namens Sheehan (ein prognather Bursch, mit ovalem Gesicht und kleinem, kraushaarigem Kopf, wie ein Assyrerkönig) sollte vom Staat eine Pension verliehen bekommen, für 1 Wort, mit dem er unsere Sprache bereichert hat – ›Aquacität‹[1]. Er wendet es an auf Binsenwahrheiten und auf Platitüden.

12. April 1904

Mein Vater ekelt mich an. Mir ekelt vor ihm, weil er er selbst ist; und mir ekelt vor ihm, weil er irisch ist – *Irisch* dieses Wort, das alles in sich begreift, was mir ekelhaft ist. Mir ekelt mehr vor ihm, als mir vor meinem Onkel John ekelt. Heut um 8 Uhr 30 zum Beispiel ist er zu einer Beerdigung gegangen, und kam

(hier fehlen 2 Blätter im Manuskript)

mit einer Pupille, kaum von der Iris zu unterscheiden, in einem klaren weißen fruchtigen Augäpfelchen, darüber ein langer, gut begrenzter Brauenbogen – ein Auge, wie von Velasquez gemalt.

1 H: James Joyce entsann sich dieses von Sheehan geprägten Wortes, und hat es, obschon in anderer Bedeutung, OD S. 633 f. verwendet. – AdÜ: »er mißtraute Aquacitäten des Gedankens und der Sprache« und »Inkompatibilität der Aquacität mit der erratischen Originalität des Genius«; wozu zu vgl. MBH S. 157.

Jim sagt, Mary Sheehy scheine ihm wie ein Mensch, der für viele der Leute, die sie kennt, große Verachtung hege. Er hat, von ihr inspiriert, 2 Gedichte geschrieben[1]; sie weiß jedoch von seinen Huldigungen nichts.

Ich nannte J.F.Byrne ›das Intensiv-Gesicht‹.

29. März 1904

Wir – Jim, Charlie und ich – lösen einander wie Polizisten im Hause ab; da die Mädchen, allein mit Pappie, nicht sicher dort sind. Vor ein paar Abenden, als er nicht wußte, daß ich da sei – ich tue den meisten Wachdienst – hat er versucht, einige von ihnen zu schlagen. Und zwar schnappt er sich dann den Gegenstand, der ihm am nächsten bei der Hand ist – ganz gleich ob Schürhaken, Teller, Tasse oder Pfanne – um sie damit zu schmeißen. Das ist schon der Anlaß zu vielen Krawallen hier gewesen. Wenn die Kinder Zwei von uns sich zum Ausgehen fertig machen sehen, kommen sie zum Dritten hin gerannt, um ihn zum Dableiben zu bewegen. Vergangenen Abend, als ich aus dem Konzert nach Hause kam – ich hatte, nebenbei bemerkt, um hingehen zu können, ein Buch verkaufen müssen, und außerdem borgen

(1 Blatt fehlt im Manuskript)

Er hatte sie gefragt, ob sie das kleine Fräulein Joyce wäre, und ihr aufgetragen, ihrem Vater auszurichten, daß Herr Kettle nach ihm gefragt hätte: »Gelt, Du vergißt es nicht – ›Herr Kettle‹ – wie das, in dem Ihr's Wasser kocht.« Baby[2]

1 H: Nämlich ›Einfälle zeugt, mein scheues Kind, der Dunstmond‹ und ›Komm Du leicht und gehe leicht‹, die beide später in *Kammermusik* veröffentlicht wurden. – AdÜ: vgl. MBH, S. 204ff., wo sich auch das erste der genannten Stücke übersetzt findet.

2 H: Die 10-jährige Mabel war das jüngste der Kinder. – AdÜ: vgl. MBH, S. 309.

erzählte uns das als guten Witz; und Eva, die auf dem Kamingitter vorm Feuer hockte und Wasser heiß machte, ergänzte: »Unglücklicherweise ahnte er nicht, daß es bei uns Herr Teekanne ist, in dem das Wasser gekocht wird.« Wir besitzen keinen Kessel.

10. April 1904

Gogarty ist, was seine Freundschaft gegenüber Jim betrifft, ein Verräter. Während er einerseits keine Gelegenheit vorüber gehen läßt, mit Berühmtheiten, denen er irgendwann einmal vorgestellt wurde, ›Verbindung zu halten‹, affektiert er auf der andern Seite, sich nichts aus ihnen zu machen, ebensowenig wie aus seinem eigenen Ruf, oder dem von sonst Jemand. Er affektiert Gleichgültigkeit in jeglicher Beziehung, und legt sie zum Beispiel dadurch an den Tag, daß er sich, was Geld anlangt, Jim gegenüber großzügig gebärdet. Neulich unterhielten sich Yeats, Ryan, Colum[1] und Gogarty miteinander, und Yeats erwähnte einen Gannef in London, der seine 300 £ im Jahr dadurch verdiene, daß er spritzige kurze Glossen für irgendein londoner Blatt schreibe. »Es ist ein Jammer, daß Joyce nicht an sowas ran kommt«, sagte Ryan; »Der könnte solche Artikel ohne weiteres liefern – aber dann würd' er ja keine 3 Tage hintereinander mehr nüchtern sein.« »›3 Tage‹? Warum gleich so hoch greifen?« verbesserte Gogarty: »1 Tag hintereinander.« Jim hat sich tatsächlich schon einen Ruf erworben, der in keinerlei Verhältnis zu seinen wahren Leistungen steht. Binnen der letzten 2 Monate ist er lediglich 1 einziges Mal richtig betrunken gewesen; und Zeichen von Angetrunkenheit hat er nicht öfter als 3 Mal gezeigt. Er

1 AdÜ: Padraic Colum (* 1881), irischer Lyriker, dessen Erinnerungsbuch *Our Friend James Joyce* (London 1959) ebenfalls einiges zur Kenntnis jener frühen Jahre beibringt.

gehört auch nicht zu den Leuten, die leicht betrunken zu machen sind; denn er ist, obwohl schmächtig, so doch gesund; vor allem aber ein eiskalter Kopf und durch nichts aufzuregen. Colum sagte: »Er bewirbt sich gerade mit um den ›Feis Ceoil‹.[1] Er kam auf die Bude zu mir, um sich die 10 Schilling zur Anmeldung zu pumpen. Ich hatte sie aber nicht; und so hat er die ganze Stadt danach umgedreht. Zuguterletzt«, setzte Colum hinzu, »haben wir seine Anmeldung dann doch noch managen können.« Dabei hatte Colum platterdings nichts mit Jim's Anmeldung zu schaffen; Jim hat das Geld vielmehr dadurch aufgebracht, daß er den Pfandschein für ein paar von seinen eigenen Büchern verkaufte. Die Wahrheit ist die, daß Gogarty – und seine Mutter glaubt ihm – die Hoffnung hegt, sich einen literarischen Ruf in Irland zu erwerben. Er ist eifersüchtig auf Jim; möchte sich unbedingt vor ihn schieben, und dabei ist ihm jedes Mittel recht. Dies Unbekümmerttun um die öffentliche Meinung ist die spezielle Lüge, die er sich erkoren hat, um sich selbst damit zu täuschen. Beide, Gogarty wie seine Mutter, sind jedoch auf einem Holzwege; denn bei Gogarty ist ›nichts drin‹; sein Charakter ist nur mit bewaffnetem Auge wahrnehmbar, und er wird jetzt bereits plump; während Jim mehr literarisches Talent besitzt, als sonst Jemand in ganz Irland, Yeats ausgenommen – und selbst Yeats übertrifft er, was Meisterschaft der Prosa angeht; auch verfügt er, was Yeats ganz mangelt, über einen scharfen, kritischen Intellekt. Selbst wenn Jim niemals 1 Zeile schreiben würde, er wäre dennoch größer, als diese sämtlichen Leute; allein aufgrund seines Lebensstils und seines Charakters. Gogarty hat Jim von dem Vorfall erzählt; aber Jim hat eine so niedrige Meinung von diesen ganzen ›Jung-

1 AdÜ: Irisches Musik-Festival, bei dem Preise verliehen wurden; vgl. ELL, S. 156 ff.; auch erwähnt in der Erzählung ›Eine Mutter‹ der DUB S. 115.

Iren‹, daß es buchstäblich außerhalb ihrer Macht liegt, ihn zu verletzen. Wenn Jim meinte, es bestünde die entfernte Chance für ihn, dort etwas zu bekommen: er würde morgen schon Colum um Geld angehen; und zwar mit nicht übermäßig klaren Vorstellungen, was das Zurückzahlen betrifft. Jim behauptet, er verdiene, auf Staatskosten erhalten zu werden, seiner besonderen Fähigkeiten wegen, das Leben zu genießen. Dennoch empfindet Gogarty auch Freundschaft für Jim.

Dies Haus müßte den Namen führen ›Das Haus des Leeren Tisches‹.

Gogarty, der Seichte – ›ein Wirbelwind schmerbäuchiger Possen, mit einem Fond von Vitalität, die zu sehen Einem wohl tut‹. [1]

Jim's Sinn für Ehre ist, meiner Ansicht nach, ganz & gar wunderlich.

Gogarty trägt Jim's Privatangelegenheiten in seiner ganzen Bekanntschaft herum. Einer Nutte namens Nellie [2] hat er erzählt, wie Jim sich am ›Feis‹ zu beteiligen gedenke, und daß er sich von dem ernähren müsse, was der Verkauf seiner Bücher ihm einbringe; zuhause hätten sie so wenig. Nellie ist darüber ganz erstaunt gewesen, und hat, da sie Gefallen an Jim findet, geäußert, daß sie ihm, wenn er zu ihr käme, gerne Alles geben würde, was sie besäße; »aber das dürfe man ihm gegenüber nicht entfernt andeuten, so verdammt stolz wär er.« [3] Sie hegt auch größte Bewunderung für Jim's Stimme [4], und sagt, er besitze »die verdammteste [3] Stimme, die sie je gehört habe.« : »Ich könnt' die ganze geschlagene Nacht dasitzen, und Dir zuhören,

1 N: Nein; nach den ersten 10 Minuten wird er ausgesprochen langweilig.

2 H: ›Nellie‹ lebt weiter im PDK; sowie in der Episode ›Skylla & Charybdis‹ des OD, S. 205.

3 AdÜ: Im Original ›fucking‹.

4 AdÜ: Vgl. MBH, S. 209 f.

Kleiner!«. Da sie aber anscheinend Geschmack & Sinn für Kammermusik besitzt, hat sie sich bei einer Gelegenheit, als Jim sich gerade zum Singen anschickte, erbötig gemacht, ihn auf dem ›Po‹ zu begleiten.[1] Jim, der – im Vorbeigehen sei es angemerkt – mit dieser speziellen Hure noch nie im Bett gelegen hat, mag sie leiden. In Augenblicken der Aufregung soll sie ausrufen: »Weißgott, ich haß dich! Oh Christus, weißgott wie ich Dich hasse!«

20. April 1904

Jim lebt zur Zeit in einem Logis auf der Shelbourne Road, von Geld, das Gogarty und Byrne und Russell ihm geliehen haben.

Ein gewisser Kapitän Cunniam hat eine Kneipe in Kingstown. Er ist ein betrunkener Plebejer mit amerikanischem Akzent, und ein Freund von Pappie. In einem der Fenster des Hauses im Oberstock, fällt Einem ein großes Standbild der Heiligen Jungfrau in die Augen. Ich nenne ihn ›Kapitän Cunniam vom Schrein zu Kingstown‹.

Wenn bei uns Geld im Hause ist, ist es unmöglich, etwas zu tun, wegen Pappies Betrunkenheit und Händelsucht. Wenn kein Geld da ist, ist es unmöglich etwas zu tun, wegen der Kälte, dem Hunger und dem Mangel an Beleuchtung.

Pappie scheint es für total unnatürlich zu halten, daß wir von ihm irgend Unterstützung erwarten, bis wir versorgt seien.

Es ist nicht gerade erbaulich, Pappie selbst in nüchternem Zustand seine Kinder mit ihren Gebrechen aufziehen zu hören. : »Du dreckiger Bettpisser, Du verdammter schieläugiger Köter.« »Du verdammter, häßlicher Eckensteher, 'n Maul has'de wie der letzte Nigger.« »'ne Fresse, schwarz

1 AdÜ: Vgl. OD, S. 268.

wie'n Mulatte. Vom ersten Tag Deiner Geburt an bist Du Hund so schwarz gewesen.« »Keinen Zahn hat die verdammte Hündin mehr im Halse; nu, Dir werd' ich 'n Gebiß besorgen, was?!« [1] Undsoweiter.

Ich habe Jim endgültig vorgeschlagen, seine Verse doch mit ›Kammermusik‹ zu überschreiben – der Vorfall mit dieser Nutte da, hat ja einwandfrei etwas ominöses.

Mein spirituelles [2] Leben ist bisher sehr unbedeutend gewesen, aber immerhin konstant.

20. April 1904

Ich fürchte mich vor Hedda Gabler [3] nicht; obwohl das, als ich sie zuerst kennen lernte, der Fall war. Ich glaube, ich habe sie vielleicht sogar lieber, als Jim; obschon ich sie nicht ebensogut verstehe. Jim ist Eilert Lövberg [3], und die mündliche Autorität in Großbritannien, was Hedda anlangt. Sie ist der höchste Typ der Frau, den ich kenne.

Dies hier ist kein Tagebuch oder Journal, das um des Aufbewahrtwerdens, oder gar – wir sind ja insgeheim Alle eitel – um der Veröffentlichung willen geschrieben wird. Obgleich es sorgsam, ja selbst mit Mühe, abgefaßt ist, bin ich mir dennoch bewußt, daß es schlecht geschrieben ist;

1 AdÜ: ›Schlechte Zähne‹ scheint ein Familienübel der Joyce's gewesen zu sein, vgl. OD, S. 20 »Toothless Kinch«; wie auch FW, S. 41, wo man ›eine kurze Pause bei einem Pfandleih-Etablissement‹ einlegt ›mit der profetischen Absicht, des Sängers wahrhaft bewundernswürdiges falsches Gebiß einzulösen‹.

2 AdÜ: vgl. zu diesem im Tagebuch öfters wiederkehrenden Wort (z. B. S. 89, 104, 107, 114, 170) auch STH, S. 62, wo Bruder Maurice-Stanislaus »die menschgewordene Einkleidung eines *spirituellen* oder filosofischen Problems, aus Holland eingeführt« genannt wird; auch FW 191: »unser netter junger *spiritueller* Physikus einst in spe.«

3 AdÜ: siehe Ibsen's Stück; vgl. auch S. 123 f.

weil ich mich selbst nicht kenne. Es handelt sich also um Notizen, die als private Hilfe für mich gedacht sind.

23. April 1904

Ich lese eben das Tagebuch der Marie Baschkirtscheff.[1] Welch ein Mischmasch! Tagebücher dieser Sorte sind des Veröffentlichens nicht wert. Ich denke im Lauf eines Tages mehr als Die – nicht selten originale und wichtige Dinge – und würde es nicht der Mühe wert erachten, sie in meine Notizen hier aufzunehmen; geschweige denn sie drucken zu lassen. Sie kennt sich selbst nicht recht, und tischt deshalb Lügen auf. Ich lege das Buch oftmals hin, und versuche mir über sie klar zu werden – aber das ist allzu mühsam und mißlich, wo ich noch nicht einmal mich selbst kenne. Ich könnte mir vorstellen, daß, wäre sie wirklich Sängerin geworden, sie den Applaus und Lebenstil gehabt hätte, den sie ersehnte; und ihre sonstigen Begabungen hätten ihr Monument noch zusätzlich geziert. Sie war unverkennbar keine Künstlernatur; und verfügte, obwohl ungewöhnlich geistreich, doch nicht über jene tiefe, starke, logische Sondierungsfähigkeit, die das Kennzeichen des Intellekts, der höchsten geistigen Gesundheit, ausmacht. Ihr Tagebuch hat sie geschrieben, weil sie nicht Selbstbeherrschung genug besaß, so lange den Mund zu halten, bis sie sich selber kennen würde. Sie muß einen schönen Contralto besessen haben; denn daß es ein Contralto gewesen ist, möchte ich aus ihrem Temperament folgern. (Es war ein Mezzo-Contralto, schreibt sie etwas weiter hinten selbst.)

1 AdÜ: Die Tagebücher der jungen Russin (1860–84) waren 1887 posthum erschienen; die englische Übersetzung von Mathilde Blind 1890. – Stanislaus' Urteil ist insofern verständlich, als es sich zwar teilweise um psychologisch nicht uninteressantes Material handelt; das, in letzter Instanz unreife, Buch jedoch in der bekannten peinlichen Art von Verlegern & Presse ›aufgebaut‹, und dadurch für einen vernünftigen Menschen erst einmal undiskutabel wurde.

16. August 1904 [1]

Ich bezweifle, daß ich je gut singen werde. Ich besitze nicht sonderlich viel Stimme und habe überdies eine empfindliche Kehle. Sie müßte behutsam konserviert werden, und sorgfältig geschult, und so gut & klug wie möglich herausgestellt – und für dergleichen habe ich nicht die Geduld.

Ich bin heut gegen 1 Uhr aufgestanden – es liegt keinerlei Grund vor, warum ich das früher tun sollte – und mußte feststellen, daß meine hohen Schuhe weg waren. Ich schlug Lärm danach, und erhielt die Auskunft: Poppie hätte die Schnürbänder heute in aller Frühe rausgezogen, um sie Pappie zu geben. Da Beide, Pappie wie Poppie, fort waren, und keinerlei Möglichkeit bestand, Schnürbänder zu bekommen, dachte ich, ich würde gezwungen sein, den ganzen Tag in Socken rumzulaufen, und nicht imstande, aus dem Haus zu gehen. Ich schrie und fluchte; trampelte auf die Dielen auf; brüllte, daß mir meine Schuhe raufgebracht werden sollten, ganz egal wie; und schrie wie ein rechter Narr, daß irgendwie Schnürbänder besorgt werden müßten! Eileen und Florrie [2] bekamen es mit der Angst; und Florrie brachte mir verschüchtert meine Schuhe nach oben. Ich hatte das Gefühl, meine Kehle brenne, sei rauh und abgenützt, und das ärgerte mich zusätzlich. Es ist aber auch wirklich unfair, wo ich mir meine Sachen so lange schone, und so wenig brauche, daß mir nicht einmal dies Wenige gelassen wird. Pappie hat von mir Mantel, Handschuhe und Schnürbänder; Jim hat meinen Regenmantel, und hat heut früh meinen Hut haben wollen; und dabei handelt es sich noch um Kleidungsstücke, die beträchtlich älter sind, als ihre

1 H: Das Datum, obwohl beträchtlich außer der Reihe, steht deutlich so im Manuskript.

2 H: Florence, damals nicht ganz 12, war, nach Mabel-›Baby‹, das zweitjüngste Kind.

eigenen![1] Nach einer paar Minuten war alles vorüber, und ich schämte mich ob meiner unfilosofischen Maßlosigkeit. Ich werde Tante Josephine davon erzählen, wenn Katsy dabei ist, und mir wird Absolution werden – Beichten tut not. (Soll ich es tun? – Nein. Auch wieder dumm.)

1 Trick von Jim lautet: Einen auf aufreizende Art zu enttäuschen.

3. April 1904

In einem Zimmer bin ich wie selbst-hypnotisiert. Ich sehe dann nur den Stuhl, auf den ich zu gehe; oder die Person, mit der ich mich auf eine chaotische Weise unterrede. Aber man lasse uns nur einmal draußen an der freien Luft sein, und schon gewinn' ich die Oberhand.

Padraic Mac Cormack Colum – das ›Laufjungen-Genie‹.

Auf mich selbst gestellt, bin ich unfähig; mein Geist hält mir allzuviele Nebenumstände gleichzeitig vor, wenn ich über irgendeinen Gegenstand vernunftgemäß abzuurteilen mich bemühe.

Ich habe das Gefühl wie ein Blinder; d. h. meine Ansicht des ganzen Daseins ist nicht klar. Es ist mein Bestreben, in einer klaren Umwelt zu leben.

Ich mißbillige Lügen; dennoch bringe ich welche vor, und zwar oft ohne zureichenden Grund. Ich bin wie von ihnen eingekreist. Nichtsdestoweniger wäre es oftmals beleidigend, die Wahrheit zu sagen; und nicht minder oft wäre es ein allzu vertrauliches Kompliment.

Warum sollte ich wohl für meinen Vater Respekt empfinden? Und wieso erscheint Jim's Stolz – wenn er mir erzählt, wie er sofort aufgesprungen und hinausgegangen sei,

1 AdÜ: vgl. STH, Ss. 62 und 166; MBH 11; sowie die diesbezüglichen über ganz FW verstreuten Anspielungen auf ›Stock‹, ›Hut‹, ›Kleidung borgen‹, usw.

als Onkel Willie ihm gestanden habe, er hasse Pappie – mir als das Gewerkele eines primitiven & altmodisch-noblen Getues in Jim's geradezu pervers-modernem Charakter, und als Zeichen von dessen aristokratischen Neigungen? Ich beneide ihn ob solcher Impulsivität; denn ich bin neidisch. Und dennoch hat Jim Elwood [1] gegenüber Pappie als ›dieser kleine Louis da oben in Cabra‹ bezeichnet, damit der ihm ein Klavier in Kommission überlasse. Und Pappies Gemüt arbeitet hinsichtlich Jim auf genau dieselbe drehscheibig-retrograde Art. Ich weiß, daß Jim rein spontan gehandelt hat. Kann es zuweilen nobel sein, aufgrund von Vorurteilen zu handeln? Oder ist, Wer das tut, bloß vernagelt? Oder bin ich das – Wenn Jim dies läse, würde er vermutlich lachen; es mir hinwerfen und dazu sagen: »Du Dickschädel von einem Kläffer!«.

Ich verschmähe studentischen Geist und Lektüre und Abenteuer – solche Abenteuer nämlich, wie sie Einem infolge des Saufens aufstoßen, oder wenn man rund durch die Stadt bummelt – und ziehe es vor, lieber mißvergnügt und steril zu verharren, als einen falschen Appetit zu befriedigen.

Meine Seele ist zage vor Scham ob meines Mangels an Mut, und belügt indes die Welt durch aufrechte Haltung. Mein Gang ist prahlerisch; aber im Innern bin ich schlapp vor Erschöpfung. Ich habe mich nie getraut, zu handeln, wie ich gern möchte; grüble vielmehr ständig auf eine kleinliche Art: ›Was würde man davon denken? Würde es Dem-und-Dem mißfallen; würde Der-und-Der mich verabscheuen?‹. Mein Benehmen wäre ein Komplement. Was Frauen an einem Mann am meisten bewundern, ist Zivilcourage, und mein größter Wunsch wäre es, des Bewunderns wert zu sein; ein Wunsch, den ich, sobald er in mir laut

1 H: John Elwood, seines Zeichens Medizinstudent, ist der ›Temple‹ im PDK. – AdÜ: und im STH; vgl. auch MBH, S. 320.

geworden ist, sofort wieder als unwürdig von mir weise. Der advocatus diaboli in mir foppt mich damit, daß ich selbst mein eigener ärgster Tyrann sei. Aber ich bin entschlossen, so wenig wie möglich zu handeln, bevor ich Gewißheit über mich habe; und gedenke mir nicht zu erlauben, mich in gezwungene Extravaganzen zu stürzen, oder den Mutigen zu simulieren.

Gogarty wird im allgemeinen als ein gefährlicher Kumpan gewertet; das ist er schwerlich, es sei denn, daß man intim mit ihm werde. Aber in intellektueller Beziehung ist er allerdings eines der demoralisierendsten Subjekte.

(hier fehlt 1 Blatt im Manuskript) [1]

Pappie kann in der ersten Zeit seiner Ehe eigentlich gar kein schlechter Liebhaber gewesen sein; fiel mir doch zum Beispiel auf, daß seine Art mit ›Baby‹ zu tändeln, ausgesprochen mutwillig-verspielt und zärtlich-lockend ist. [2]

Mein vorwiegender Charakterzug heißt Betrachtsamkeit. Ich habe das Wesen eines Filosofen, ohne dessen mächtige intellektuelle Neugier, und ohne dessen Intellekt. Ich bin langsam. Ich habe eine Abneigung gegen das allmorgendliche Aufstehen; denn ›Aufstehen‹ begreift Kälte in sich, und Waschen, und Ankleiden, und jedwedes einzelne von diesen stört entweder meinen gerade laufenden Gedankengang, oder macht sogar einen endgültigen Punkt dahinter. Außerdem kann ich am besten im Bett denken. Ich habe einen Widerwillen gegen ›Anfangmachen‹ allgemein; und ebenso einen Widerwillen gegen das Lesen, weil die Bücher so schlecht geschrieben sind, und meist randvoller Lügen. ›Laß Einen sagen, was er denkt; ich habe eigene Vermutungen die Fülle.‹

1 AdÜ: der folgende Text muß von einem anderen Datum stammen; da er James Auftreten beim Wettsingen (16. 5.) erwähnt.
2 N: Dummes Zeug!

Ich möchte an meinem Vaterlande mit Wonne Rache nehmen, weil es mir den Charakter mitgab, den ich habe.

Ich bin heut den ganzen Tag verstimmt gewesen. Als Ursache habe ich herausgefunden, daß ich beim Gehen mehr auf der Hacke aufgetreten bin, anstatt wie üblich von den vorderen Zehenballen aus. [1]

Sieben Mal jeden Tag fühle ich mich versucht, irgendeine Rolle zu mimen; worin mich die Andern noch dadurch ermutigen, daß sie ihrerseits Komödie mit mir spielen. Laß mich dagegen auf der Hut sein; dann kann noch etwas aus mir werden, das zu kennen es sich lohnt.

Ich bin nicht etwa charakterloser als die Mehrzahl der Leute; eher im Gegenteil. Aber ich bin so erzogen worden, daß ich einigen Anspruch darauf machen darf, mich selbst unparteiisch beurteilen zu können. Ich bin zu Zeiten ob meiner eignen Gemeinheit am ganzen Leibe errötet, und davor zurückgeschreckt, den höchsten Grad von Stumpfsinn einzugestehen. Seit meinem 16. oder 17. Lebensjahr habe ich praktisch nichts anderes getan, als die Lügen, die man mir beigebracht hat, systematisch wieder zu verlernen; und ich werde vermutlich nicht eher wieder Ich-selbst sein, bevor ich dicht an die 30 bin. ›Erkenne Dich selbst!‹ – aber wie, wenn ich mich dann selbst kenne, und entdecken muß, daß ich ein Selbst kenne, das des Kennens nicht wert ist, was dann, oh Orakel?! Aber ich will trotz allem dies von mir voraussagen: daß ich, wie guter Wein, mit fortschreitendem Alter immer besser werde.

Pappie kann sich zumindest für seine Kinder ereifern – 1 Pluspunkt.

Eines kann man von Jim's Freunden zugeben – von Colum, Byrne, Gogarty, Cousins [2], undsoweiter – daß sie sämtlich gute Lügner sind. Alles übrige bezweifle ich.

1 AdÜ: benützt von James Joyce in STH, S. 104, und in FW, 317 »Soe syg he was walking from the bowl at his food«.

2 H: James Cousins, Poet und Theosoph; in dessen Haus James

Jim ist auf dem Feis Ceoil, beim Wettbewerb für Solotenor, Vierter geworden. Ein Stück, wie vorgeschrieben, ›vom Blatt‹ zu singen, hat er nicht versucht. [1]

Charlie ist eingesperrt gewesen, wegen Betrunkenheit. Nach 4 Tagen ist die verhängte Geldstrafe bezahlt worden, und man hat ihn frei gelassen. Er hat sich mit Jim's Mediziner-Freunden weit intimer eingelassen, als ich es je war – allerdings weder mit Cosgrave [2] noch mit Byrne. Nach solcher Leistung war er natürlich eine Art Held; und hat sich in letzter Zeit unverkennbar vorgesetzt, mit Jim, was Suff und Huren anbelangt, zu wetteifern. Er hat 3 Nächte hintereinanderweg bei einer Nutte in Tyrone Street geschlafen. Seine Vertraulichkeit mit ›den Medizinern‹ hat ihm genau das gebracht, was er am innigsten ersehnte; und mich von einem Umgang befreit, der für meinen Geschmack immer zu durstig und zu liederlich war. Nicht, daß ich zum Beispiel Elwood nicht leiden könnte, oder daß O'Callaghan nicht ein gutmütiger dickschädliger Bursche wäre; aber sobald sie Alle auf einem Haufen sind, werden sie prompt furchtbar aufschneiderisch und vulgär. [3]

J. F. Byrne ist ein Mensch, der niemals zu denken beginnt, bevor ihn nicht Jemand anredet. Alsdann überlegt er sorgfältig, hinter einer undurchdringlichen Maske, wie das Gesicht eines Cisterciencerbischofs, und große geistige Aktivität

Joyce im Sommer 1904 für kurze Zeit gewohnt hat. – AdÜ: Er verließ den gepflegten, für Vegetarianertum & ›Trockenlegung‹ bekannten Haushalt James' und Gretta Cousins, sehr bald wieder, unter dem Vorgeben, eine ihm dort aufgedrungene ›typhöse Mohrrübe‹ habe ihm ein schweres Magenleiden verursacht.

1 N: Im Abschlußbericht hat man seiner Stimme lobend gedacht; obwohl von Tenören sonst keiner erwähnt ist. – AdÜ: nach St. Gilbert fand dies Wettsingen am 16. 5. 04 statt.

2 H: Vincent Cosgrave, der während der Universitätszeit und auch später noch James' dissoluten Lebenswandel teilte, ist der ›Lynch‹ im PDK. – AdÜ: und im OD; vgl. auch MBH, S. 233.

3 AdÜ: vgl. das Kap. von den ›Rindern des Helios‹ im OD.

wird Einem zu verstehen gegeben. Sobald er sich einmal geäußert hat, macht er Anspruch auf Unfehlbarkeit. Je gewählter die Unterhaltung wird, desto brutaler spricht er. Er hat eine Vorliebe für die Worte ›verdammt‹ und ›verflucht‹. Mein neuester Name für ihn ist ›Thomas Quadratlatsch‹. [1]

Cosgrave und ich sind in jüngster Zeit häufig zusammen. Wir sind über viele Dinge derselben Meinung, und unsre Gedankengänge verlaufen überraschend oft in der gleichen Richtung. Wir sind recht vertraut; aber von Freundschaft ist nicht die geringste Spur. Ich muß mich bewußt dagegen verwahren, aus Furcht, sie könne unversehens entstehen. Ich möchte auf keinen Fall gefühlsmäßig von Irgendjemand abhängig werden, es sei denn von Katsy. Freundschaft mit Männern widersteht mir.

Auch in meinen Beziehungen zu Jim hat es nie etwas wie Freundschaft gegeben; denn es war nie wirkliches Vertrauen zwischen uns.

Katsy's Gesicht hat zuzeiten einen scharfen-harten Ausdruck. Dieser Ausdruck ist in einer ganz bestimmten Menschenklasse weit verbreitet, und mißfällt mir am meisten bei Frauen. Miss Walker [2], die Schauspielerin der Irish National Theatre Company, die man hier für so schön hält (und die auch in London dafür galt), hat ihn. Mutter hatte ihn in geringerem Grade; und Miss Rathbourne oder Mrs. Casey (oder wie sie im Augenblick heißt) hat zu keiner Zeit einen anderen Gesichtsausdruck. Der bloße Anblick von Miss Rathbourne regt mich auf – ich würde mitten auf der Straße umdrehen, bloß um ihr nicht zu begegnen.

Colum hat ein plumpes, affektiertes Benehmen an sich;

1 H: Man vergleiche James' Beschreibung von ›Cranly‹ zu Anfang von Kap. 22 des STH. – AdÜ: zumal die Ss. 124, 130, 133 und 149; wo auch erwähnt ist, daß der Spitzname ›Quadratlatsch‹ (= ›Squaretoes‹) von Bruder ›Maurice‹ (= Stanislaus) stamme.

2 H: Marie Walker, (Maire Nic Shibhlaigh).

eine ungestüme Art, die seine harte und heisere Stimme noch um mehrere Grade unangenehmer macht. Sein Gang ist heftig, und seine Augen glanzlos. Alles in allem genommen ist er nicht der Mensch, an dem man Gefallen finden könnte.

Mac Donald, ein Medizinstudent, ist meines Erachtens selten durstig; obwohl Cosgrave behauptet, er habe das durstigste Gesicht, das ihm je vorgekommen sei. Mir scheint, daß sein Geist ›einen Schoppen‹ dringend brauchen könnte. Ich kenne einen Lebensmittelhändler in Dorset Street, dessen Geist mir, in gleichem Sinne, ständig ein Paar Pferdekeulen in der Deichselgabel vor ihm zu brauchen scheint, und möglicherweise braucht Jim's Geist solchermaßen die Liederlichkeit.

Es gibt noch eine dritte irische National-Untugend außer Alkoholismus und Masturbation, nämlich das Lügen.

Wenn Mc Cormack[1] längere Zeit piano gesungen hat, und dann plötzlich seine Stimme in ihrem vollen Umfang los läßt, verspürt man förmlich ein Knacken im Ohr.

Frau Skeffington hat eine hübsche kleine Hand, und, ebenso wie ihre Schwester Mary, eine schöne Stimme.

Gogarty's Hakennase, zusammen mit seinem vorstehenden spitzen Kinn und der rundlichen Gestalt, erinnern mich immer an Kasperle. Er trägt auch genau die Policinellen-Weste.

Elwood hat ein hektischrotes, bläulich getöntes Gesicht, und dabei ein unreifes linkisches Benehmen, wie ein junger Rekrut. Sein Kopf ist auffallend lang; zigeunermäßig, wie Jim sagt[2]. Es heißt allgemein, er sei der beste Chemiker der ganzen medizinischen Fakultät.

Onkel Willie sind zwei gute Formulierungen gelungen.

1 H: John Mc Cormack, zur Zeit gerade im Beginn seines Aufstiegs zum Ruhme, hatte James ermutigt, sich am Feis Ceoil zu beteiligen. – AdÜ: er erscheint OD, S. 85; und FW, S. 227 u. 450.

2 AdÜ: Vgl. STH, S. 112.

Die walzertanzende Aristokratie beim Schloßball beschrieb er als »einander anschauend, wie die Katzen«. Und um die Art zu veranschaulichen, wie Georgina Burns [1] das ›Ich bin Titania‹ aus ›Mignon‹ singt, sagte er, sie pflege die Läufer mit unglaublich biegsamer Stimme vorzutragen, und das abschließende ›Hohe C‹ (? glaub' ich) träfe sie mit einem Ton, ähnlich dem Zerschellen dünnen Glases.

Palmieri [2] hat an Jim geschrieben, und ihm mitgeteilt, daß Denza [3], der Preisrichter beim Feis Ceoil, sich sehr anerkennend über Jim's Stimme ausgesprochen, und gesagt habe: wäre nicht die Sache mit dem Vom-Blatt-Singen gewesen, und der Mangel an hinlänglicher Ausbildung, er würde Jim den ersten Platz zuerkannt haben. Palmieri bildet im Augenblick Jim's Stimme gratis aus, und hat ihm geraten, Konzertsänger als Beruf zu ergreifen.

Stolz ist eine feine Sache für's Rückgrat.

Tante Josephine behauptet, Katsy habe keine Geheimnisse vor ihr. Falls das stimmen sollte – was ich bezweifle – hat Katsy noch nicht angefangen zu leben.

Pappie ist eine pfiffige kleine Ratte. Wenn er über Geld verfügt, bildet er sich ein, er habe Macht über Diejenigen, die zu unterstützen ihm eigentlich obliegt; und dann ist es seine Art, sie zu tyrannisieren, sie zum hinter ihm dreinrennen zu bringen, und sie am Ende doch um ihre Wünsche zu prellen. In seinem Gesicht drückt sich das in seiner O'Connell-Schnauze aus.

Ich lese, genau wie Katsy ihre Lektionen lernt, um meinen Wortvorrat zu vergrößern. Ein guter Schriftsteller braucht die Worte richtig, und ich schätze gut Geschriebenes; darüber hinaus jedoch ist das, was geschrieben steht, oftmals nicht so gemeint, und sehr selten ist es maßgebend.

1 AdÜ: vgl. die Erzählung ›Die Toten‹ in den DUB, S. 156.

2 H: Benedetto Palmieri, damals der führende Gesanglehrer Dublins, erteilte James einigen Unterricht.

3 H: Luigi Denza; u. a. der Komponist von ›Funiculi-Funicula‹.

Ich kann die pomphafte Großzügigkeit nicht erkennen, die darin liegt, eine Runde auszugeben; geschweige denn eine Runde, die kein Mensch braucht. Es ist eine müßige Angewohnheit – Ballast, um eine leere Zeit und ein leeres Gemüt damit zu füllen. Außerdem glaube ich eingesehen zu haben, daß die überwiegende Mehrzahl ihre Runden irgendwie auf Kosten Anderer ausgiebt; Jim zum Beispiel auf Kosten von Jedermann, den er ›anzapfen‹ kann; Pappie sein ganzes Leben lang auf Kosten von Frau und Kindern.

Die Art in der Onkel Willie seine Kinder tyrannisiert, ist in meinen Augen eine nicht zu duldende und stupide Feigheit. Und dennoch gebe ich zu, daß Jene, obgleich nicht niederträchtig oder schlechten Herzens, so doch äußerst unlenksam und schlecht erzogen sind. Daheim sind sie gedrückt, ja verschreckt, und betrachten es als großes Vergnügen, wenn man ihnen nur gestattet, auf der Straße zu spielen. Er ist vernagelt, nicht einzusehen, daß sie nur solange gehorsam sein werden, wie sie unbedingt müssen. Alice [1] hat mir erzählt, wie Bertie – damals ein Kind von 6 oder 7 – bei einem Anlaß Onkel William gebeten habe, ihn nicht zu schlagen, und versprochen, ein ›Ave Maria‹ für ihn zu beten, wenn er es nicht tue. [2] Mir wurde beinahe schlecht bei einer derartig schauderhaften Feigheit auf beiden Seiten – ich hab' gelacht, wie wenn ich einen Dachschaden hätte. Die Art, wie er seine Kinder anweist, das oder jenes zu tun, ist absolut ochsig.

Zuweilen, wenn ich neben einem Andern dahin gehe und mich unterhalte, überkommt mich schrittweise die Furcht, daß ich beschränkt wäre.

Radfahrer sind meine Busenfeinde. Ich habe die Bedenken des Künstlers gegen ihre muskelbepackten Oberschenkel

1 AdÜ: Katsy's Schwester; wie gleich nachher Bertie der Bruder. Vgl. auch OD, S. 36.

2 H: Ein Vorfall, von dem James am Schluß seiner Erzählung ›Kopien‹ (= ›Counterparts‹) in den DUB, Gebrauch gemacht hat.

und Eßtischbeine; und den Widerwillen des Amateurs gegen ihre knickebeinigen Kopfsprünge und ihr stilloses Geschwimme.

Das Leben wird allmählich unmäßig schwierig. Es scheint, daß man sich eben doch mit kleinlich-schikanöser Alltagsmechanik und Garstigkeit in irgendeiner Form abzufinden hat, wie mit einem albernen Inkubus als Herrn und Meister.

Mein Charakter ist mit Argwohn imprägniert; weil ich ständig mitanhören muß, wie Pappie die Leute hinter ihrem Rücken verunglimpft, und ihnen ins Gesicht hinein seine Gastfreundschaft aufdrängt.

Jim betrachtet das Tingeltangel, nicht die Dichtung, als wahres Kriterium des Lebens.[1]

Ich ziehe es vor, allein herumzuschlendern; deshalb hasse ich das ›Sich-in-der-Stadt-rumtreiben‹.

Jedwedem Geistlichen, der sich bei mir nach Jim erkundigt, werde ich künftig erzählen, er studiere Chemie, präziser Explosivstoffe, mit der Absicht, einen neuen Torpedo zu erfinden; und ein bißchen darauf dann, daß er an einem Roman schreibe.[2]

›Byrne's ganzes Geheimnis‹ besteht, laut Jim, darin, daß er so verwegen trivial ist. Er kann quatschen, wie ein Schoppen Bier.[3]

Beide, sowohl Jim als Pappie, scheinen einen bescheidenen Stolz darob zu empfinden, daß Verschwenderblut in ihren Adern rollt. Das ist bei Jim im Augenblick ein bißchen lächerlich, da er nichts zu verschwenden hat.

Jim handelt zwar selten oder nie nach Grundsätzen; dennoch wird sein Leben von gewissen fixen Ideen beeinflußt. Eine davon ist meines Erachtens die Abneigung gegen

1 AdÜ: vgl. MBH, S. 140.

2 N: blöd! – AdÜ: verwendet in STH, S. 215.

3 H: Man vgl. James' Skizze von ›Cranly‹ zu Beginn von Kap. 22 des STH.

Zwang jeglicher Art – sogar der Selbst-Zwang, nie irgendein Wachstum in seiner Seele gewaltsam zu befördern, selbst wenn er es für gut erachten sollte.

Die Namen ›Onkel Willie‹ oder ›Onkel John‹ bekommen meiner Zunge oder meiner Schreibfeder nicht.

Frauen lieben einen brutalen Ausdruck an Männern; weil sie fühlen, daß derselbe Geist, der vielleicht *gegen* sie brutal sein könnte, in Zeiten von Not & Gefahr auch brutal *für* sie sein werde; und überdem, daß zornige Tiger weiser sind, als schulmeisternde Pferde.

Meine Aufführung ist, wie ich glaube, annähernd ebenso negativ, wie sie praktisch ist. Ich weigere mich einfach, irgendetwas von unwiderruflicher Konsequenz für mein künftiges Leben zu unternehmen, bevor ich nicht eine rationale Auslegung des Daseins als Basis für dieses mein künftiges Leben beisammen habe. Ich bin mir des Umstandes sehr wohl bewußt, daß, unternähme ich etwas Folgenreiches, was ich später, bei ausgebreiteterer Erfahrung dann höchlich mißbilligen müßte, die Reaktion durchaus eine fruchtbare spirituelle Erfahrung ergeben könnte; aber ich lehne die Falschheit und das Gekünstelte eines solchen Kurses ab. Aus diesem Grund habe ich mich, zum Beispiel, nicht mit Huren eingelassen.

Wenige Dinge sind so verwirrend & verworren, als die Art, wie wir uns dogmatisch vorgetragenen Lügen unterwerfen; es sei denn höchstens noch die Art, wie wir dabei versagen, die augenfälligsten Dinge wahrzunehmen.

Ich habe einen Hang, dem Getriebe meiner Gedanken zuzuhören, der in einem gewissen Grade ihre Unbefangenheit beeinträchtigt.

Einen Satz hat Georgie immer mit tiefinnerster Überzeugung von Charlie wiederholt – »Oh, dieser stupide Esel!«

Ich habe Mc Cormacks Stimme eine ›weiße Stimme‹ genannt – sie ist nämlich ein männlicher Contralto.

Mein beständiges Bemühen ist, mir selbst faßlich zu sein.

Ich nenne St. Peter's Terrace Nr. 7, Cabra, ›Das Rauhe Haus‹.[1]

13. Juli 1904

Vor ungefähr einer Woche habe ich mit Tante Josephine und Katsy einen Spaziergang unternommen. Katsy war sehr schwierig; machte sich ständig los von mir, unter dem Vorwand, ich tue ihr weh; schien den Tränen nahe – 1 oder 2 Mal dachte ich wirklich, sie sei drauf & dran zu weinen – und war sogar ein bißchen rüde, ohne es zu beabsichtigen. Ich war enttäuscht und unzufrieden – unzufrieden mit mir selbst; hauptsächlich weil ich nicht Manns genug war, den Spaziergang interessant zu gestalten, auch ohne solche Mätzchen. Ich machte meiner Gereiztheit Luft, indem ich mich unhöflich benahm, und nichts mehr sagte. Nach ein paar Minuten erkundigte sich Tante Josephine in ihrer einschmeichelnden Art, was denn los wäre? Ich erwiderte in aller Unschuld: »Och! Gar nichts!«, und blieb weiterhin still. »Ah! Er will gehätschelt sein«, sagte Katsy, als spräche sie zu einem Baby. Daß dies der Wahrheit ziemlich nahe kam – obschon nicht von Tante J. – trug auch nicht grade dazu bei, mir über meine üble Laune hinwegzuhelfen. Tante Josephine sagte irgendetwas zu Katsy hin, augenscheinlich etwas Tadelndes. Ich hörte ein »Och, laß ihn doch! Er wird schon drüber weg kommen«; aber bis jetzt war sie nur erst halb eingeschnappt. Wieder ein zusätzlicher Grund zum Anstoßnehmen. Auf dem Heimweg, bei der Annesley Bridge, wandte ich mich dann das erste Mal direkt an Sie, und fragte, ob ich denn so roh wäre, daß sie, jedesmal wenn

1 AdÜ: die damalige Anschrift der Joyce's. Im Original ›Bleak House‹; also Anspielung auf *Dickens'* großen Roman. Vgl. auch FW, S. 420: »7 Streetpetres. Since Cabranke«.

ich sie nur anrühre, gleich anfangen müsse zu schreien? Sie sagte: »Oh, ich hab' doch gar nicht geschrieen – stimmt's, Mutter?« Ich sagte ihnen Gute Nacht. Katsy war, wie ich glaube, sehr beleidigt; sie sagte, ich sei viel zu übelnehmisch; Tante Josephine solle doch gar nicht auf mich achten; und an solchen Abendspaziergängen würde sie sich künftig nicht mehr beteiligen.

Am nächsten Tag, während ich auf Jim wartete, traf ich sie wieder. Sie gab Antwort, wenn ich sie anredete; bewerkstelligte es jedoch, sich mir gegenüber gänzlich andersartig zu verhalten. Ich hatte anfänglich nicht übel Lust, mich in meine gekränkte Würde zu hüllen; während ich doch den sicheren Instinkt bewundern mußte, der sie mich so rasch durchschauen ließ. Dies kleine Mädel von Vierzehn ist völlig sicher in ihrem Benehmen, und um ein beträchtliches gewitzter als ich. Ich sah ein, daß halsstarriger Eigensinn nicht zu den heldischen Tugenden zählt. Als ich von Cabra weg ging, hatte das Eingeständnis, daß ich unrecht gehabt hätte, noch ganz leicht geschienen; aber mit jedem Schritt, den ich tat, wurde die Sache schwieriger. An sich hatte ich mit Jim vereinbart, ihn dort zu treffen; aber er war nicht da, als ich vorsprach, und Katsy war auch nicht daheim. Später kam sie dann. Sie gab mir zwar die Hand; vermied es jedoch mich direkt anzureden, und wenn ich versuchte, sie vertraut anzusehen, war in ihren Augen die Tendenz leicht abzugleiten unverkennbar; meist sah sie still zu Boden. Sie ging dann hinunter in die Küche, zu irgendwelchen Kätzchen. Ich folgte ihr. Ich ging hin zu ihr, wo sie neben dem Schrank kniete, und fragte sie, was denn eigentlich los sei? Sie sagte, gar nichts sei los. Ich verstummte wieder, und spielte indes mit ihren Haaren. Es fiel mir sehr schwer zu sagen, was mir zu sagen oblag. Ich fragte: »Meinst Du wirklich, ich wäre Dir gegenüber zu übelnehmisch gewesen?« »Das mußt Du selber wissen.« Ich war wiederum still. »Vielleicht war ich tatsächlich etwas zu sehr übelnehmisch,

Katsy.« »Du solltest Dir Mühe geben, und diesen Charakterzug bei Dir überwinden«, sagte Katsy, indem sie mit einem Kätzchen spielte. Schon das war mehr, als ich erwartet hatte; aber ich blieb dabei nicht stehen. Ich sprach jetzt lange Zeit hindurch zu ihr; fragte, ob ich denn keinerlei Grund hätte –; sagte, ich möchte keinesfalls eine solche Lappalie zwischen uns stehen –. Es gelang mir zum Teil, (obschon unter Schwierigkeiten), mir trockene Augen und eine klare Stimme zu bewahren. Nach einer Weile begann sie dann weit freundlicher zu sprechen; rechtfertigte nun auch sich, und wollte ihr eigenes ›Übelnehmen‹ auf Tante Josephinen's Konto geschrieben wissen, die sie geärgert habe. Ich sagte, es täte mir leid; und später, als ich gefragt hatte, ob ich sie nicht heut Abend sehen könnte und sie noch zögerte, sagte ich: »Du denkst doch hoffentlich nicht, daß ich Dir gegenüber je wieder ›übelnehmisch‹ sein würde – wie Du es ausdrückst?« Noch weiter traute ich mich nicht, zu gehen. Hinterher tat's mir leid, daß ich nicht geradezu das getan hatte, was mein eigentlicher Wunsch war. Immerhin fühlte ich mich wahrhaft erleichtert und glücklich; fast genau, wie ich mich früher nach der Beichte gefühlt hatte. Am nächsten Tag war ihr Geburtstag, und ich machte ihr ein kleines Geschenk. Es ist eine demütigende Angelegenheit, arm zu sein. Ich hätte ihr wahrlich gern ein recht wertvolles gemacht.

Es ist irgendetwas in Katsy, das mich gleichsam herausfordert. In einer Hinsicht jedoch bin ich tief enttäuscht über mich selbst – nämlich, daß ich ein flinkes und, meines Erachtens, verlogenes Bonmot darüber gemacht habe: ›Es ist weitgehend eine Frage des Zufalls und der äußeren Umstände, Wen ein Mann zum Werkzeug seiner Leidenschaft erkiest.‹ Ich bin jetzt froh darüber, daß ich mein Unrecht zugegeben habe. (Diese Unterwürfigkeit auf der emotionellen Ebene scheint eine Entsprechung auf der physischen Ebene zu haben, in einer gewissen sexuellen Verirrung, von der ich früher einmal angefochten wurde.)[1]

Ich bin von jener Gemütsart, die ein Anvertrautes getreulich hüten würde: nicht um der vertrauenden Person; sondern um des reinen Vorgangs des Hütens willen.

23. Juli 1904

»Da ist Katsy!«. – Ich sah sie heute Abend von der Annesley Bridge aus; sie rannte im Dunkeln flink quer über die Straße, und wieder zurück. Ich fuhr bei ihrem Anblick förmlich auf. Den ganzen Abend war ich mürrisch gewesen. Sie konnte nicht wissen, daß ich da sein und sie sehen würde. Wohin war sie unterwegs? Zu Elmore's rein, nur rasch noch ein Letztes auszurichten, bevor sie zu Bett ging? Nicht doch: mitten in mein Herz hinein, und flink einmal die Runde getrippelt, und schon wieder hinaus, das Mäuschen.

Ich gebe mir Mühe, weise zu sein; und, kann ich das nicht sein, gebe ich mir Mühe, vorzuspiegeln, daß ich es wäre.

Ich habe die Angewohnheit, Entschlüsse in irgendeiner bestimmten Richtung zu fassen; und anschließend – sei's aus Willensschwäche, Mangel an Mut, oder reiner Stupidität – doch anders zu handeln.

Ich habe eine Entdeckung gemacht, die mich entzückt: Katsy hat Tante J. mit nichten weitererzählt, wie ich mich entschuldigt habe, oder daß ich es überhaupt tat! Diese Loyalität ist hochschmeichelhaft. Ich hatte sie nicht etwa ersucht, so zu handeln; und sie ist ein plauderhaftes kleines Mädchen, das vor seiner Mutter keine Geheimnisse hat. Überdem pflegen sie bei Murray's ausgiebig über uns zu reden, und dieser Vorfall wäre garantiert trefflich zergliedert worden.

1 N: Dieser Vorfall scheint mir nunmehr sentimental & lächerlich; und zu Papier gebracht, bevor er voll verarbeitet und verstanden war.

Jim behandelt mich äußerst cavalièrement.

Tante Josephine hat sich letzthin mir gegenüber auf eine recht ›griesgrämige‹ Weise benommen; als wenn sie mir absichtlich zu erkennen geben wollte, wie gleichgültig es ihr sei, ob und inwieweit ihr Benehmen mich berührt.

Ich habe den Monat (Juli) damit verbracht, unter dem Benehmen anderer Leute zu leiden.

Die ›Virginia-Levkoje‹ [1] führt auch die volkstümliche Bezeichnung ›Nachtlevkoje‹ – meines Erachtens wäre das ein feiner wohlriechender Name für Huren.

Warum soll ein niedriger Charakter eigentlich so viel tadelnswerter sein, als eine niedrige Statur? Sind wir für das eine verantwortlich, für das andere aber nicht? Sollte krampfhaft erzwungene Großheit in einem winzigen Gemütlein nicht ebenso lächerlich sein, wie ein kleiner Mann, der sich die Gehweise eines Riesen anmaßt?

Ich bewundere Reife.

23. Juli 1904

Charlie ist im Krankenhaus – im Whitworth Hospital – wegen beginnender Lungentuberkulose. Er hat sie sich selbst zugezogen. Obwohl ich es nicht schätze, hingehen und ihn besuchen zu müssen, fühle ich dennoch Mitleid mit ihm. Ich habe ihn nicht als guten oder großen Charakter gewertet, als er gesund & munter war, und er hat mich auch auf keinerlei spezielle Weise interessiert. Warum sollte er das jetzt tun, wo ihn eine lebensgefährliche Krankheit bedroht? Er ist & bleibt Charlie. Wenn ich mir seine Chancen im Leben vorstelle – nicht nur seine Aussichten in materieller Beziehung; sondern seine Chancen, das Königtum der Langweile zu stürzen; die Summe des Glücks zu vermehren; ein belebendes, von Selbstvorwürfen freies Interesse am

1 AdÜ: in Deutschland wenig eingebürgerte, lila, weiß & rot blühende Crucifere, (Malcolmia maritima); sie erscheint OD, 359.

Dasein und damit das sich zwangsläufig einstellende Interesse von Anderen zu wecken; oder Liebe zu spenden und zu erringen, auf den Höhen der Verheißung – ja, dann muß ich einsehen, daß diese seine Chancen gering sind, und kann seinen möglichen Tod nicht als übermäßige Kalamität betrachten. Aber ich weiß selbstverständlich, wie jammervoll das sein würde; weiß ich doch, mit wie zäher Verblendung wir uns an unser bißchen Hundeleben klammern. Vielleicht hilft ihm seine Eitelkeit – eine mächtige Lebens-Droge – die Sache zu überstehen. Freilich eine armselige Trumpfkarte.

Wie kann ich eigentlich sagen, ›ich hätte Poppie gern‹; wo ich doch sehen muß, wie ihr Leben ohne rechten Zweck und ohne Interessen verläuft? Sie bewegt mich lediglich dazu, ihr hoffnungsloses Dasein mit dem meinigen zu vergleichen. Was mag der Virus ihres Leidens sein? Eine gezwungene Jungfräulichkeit? Dennoch ist mir die geduldige, selbstlose Güte ihres Charakters wohlbekannt. Aber wünscht sie imgrunde nicht, daß ihr spezielles Surrogat für einen Lebenszweck von ihr genommen werde, wenn sie wünscht, daß ein festes Einkommen alle unsre Schwierigkeiten hinwegfegen möge?[1] Auch ich habe als Schmarotzer an den Einkünften der Familie gezehrt, und sie hat darunter gelitten; aber ich bin auf der Ausschau nach einem mir angemessenen Leben. Warum sollte ich in einem Leben herumhumpeln, das zu kleinlich für mich ist; einem Manne gleich, der zu enge Stiefel trägt?

Irgendjemand hat gesagt, Jim hätte so etwas Bestimmtes an sich. Jim lehnte das von sich ab, indem er sagte, daß er vielmehr, wie jeder weise Mann, sich von den äußeren Umständen bestimmen ließe.

Mein Gemüt ist ältlich.

1 AdÜ: vgl. ›Poppens‹, die Heldin in der Novelle ›Eveline‹ aus den DUB, die unverkennbar einige Züge von ›Poppie‹ und Nora Barnacle trägt.

1. August 1904

May hat heute – Montag, den 1. August – von ihrer Klosterschule in Mountjoy Street einen Tag frei bekommen. Ich möchte meinen, sie wär' ein bißchen stupider geworden; daß sie fetter geworden ist, des bin ich gewiß. Aber ich war diesen ganzen Tag verdrossen und gelangweilt; gelangweilt, weil ich Katsy nicht hatte, beziehungsweise nicht mit ihr zusammen war. Ich habe den Grund hierfür auch schon früh am Tage erkannt: ich war am 19. Juli bitterlich enttäuscht, weil ich nicht mit Katsy zu einer Regatta gehen konnte. Katsy trug ein leichtes-helles Sommerkleidchen. Der Tag war hell & klar, und Regatten bei Sonnenschein habe ich gern; über alles aber habe ich Katsy gern. Ich war jedenfalls bitterlich enttäuscht, und diese Bitternis ist immer noch in mir. [1]

31. Juli 1904

Vergangenen Abend, Sonntag Abend, benahm ich mich zunächst geräuschvoller als gewöhnlich, und wurde dann still. Ich wurde verstimmt, weil Poppie und Eileen anwesend waren. Katsy ist den ganzen Abend mit Eileen gegangen; sie rannten flink auf dem Weg vorbei, und Katsy drehte mir ein lachendes Gesicht zu. Mir war zumut, als trample sie über meine Neigung zu ihr hinweg, wie eine Kavallerieattacke. Alice [2] meinte, ich hätte mich über irgendetwas geärgert; und wollte mir nicht glauben, als ich ihr sagte, ›Nein‹, ich sei mit nichten verärgert.

Mr. Matthew Kane – dem ich den Spitznamen ›Green Street Shakespeare‹ verpaßte – ist in der Bucht von Dublin

1 H: Eine ausführliche Wiedergabe dieses Nicht-Ereignisses findet man auf den Seiten 187 ff.

2 H: Katsy's Schwester.

ertrunken.[1] Das tut mir insofern leid, weil ich dadurch Pappie wieder mehr auf dem Halse habe. Jetzt, wo sein Leben gelebt ist, verläßt Pappie sich weitgehend auf seine Freunde, um die Stunden hinzubringen.

Chopin ist einer meiner Lieblingskomponisten; er ist, vielleicht, der Genius Polens. (Das ist selbstredend eine reine Mutmaßung; denn ich weiß nur ganz wenig vom polnischen Volke.) Mir jedenfalls drückt seine Musik eine tiefe, melodische Schwermut aus, oder auch eine kalte funkelnde Ausgelassenheit von formalistischer aber höchst geschmeidiger Grazie; beides also sind, wie ich folgern möchte, Charakterzüge einer Aristokratie, für die – aufgrund diverser Daseinsbedingungen; eines von Natur zum Aufgeben neigenden Temperaments; und eines düsteren, stolzen Hasses auf eine Macht, die sie überwältigt hat – ›Leben‹ gleichbedeutend ist mit einem genüßlichen, hochfahrend einstudierten Tanz zur Nacht.

Wenn Jim fort ist, bin ich weniger einsam, als vielmehr allein.

Jim sagt, wie sein Ehrgeiz im Leben darin bestände, mit einer harten und Gemmen-gleichen Ekstase zu flammen. Demnach bestünde der meinige – wie man es ausdrücken könnte – darin, mit einer harten und Jim-gleichen Ekstase zu flammen.[2]

Die Leute, die ich am meisten hasse, sind Diejenigen, in denen ich eine Karikatur meiner selbst erblicke.

Andere, die sich töricht oder vulgär benehmen, sinken unter sich selbst; ich sinke zurück.

Ich habe zu Zeiten das Gefühl, wie Einer, der krank ist, dies aber nicht weiß.

1 H: Sein Tod durch Ertrinken ist in der ›Ithaka‹-Episode des OD, S. 665, erwähnt. – AdÜ: und ebenfalls in FW, S. 387 ff.

2 N: Frei nach Pater. – AdÜ: dessen Roman *Marius der Epikuräer* die Brüder ebenso kannten und schätzten wie seine *Studien zur Geschichte der Renaissance,* der das o. a. Aperçu entnommen ist; beide Bücher finden sich angespielt in OD und FW.

Seltsam genug für Einen, den ›Die Wissenschaft‹ irritiert und ermüdet, ist der Gegenstand, der mich am meisten interessiert ein halb-wissenschaftlicher: Energie.

Ich werde von einem ständigen Sehnen gepeinigt, zu gefallen und hochgeschätzt zu werden. Ich bin schmerzhaft sensibel, und geringste Kleinigkeiten treffen mich wie ein Peitschenhieb. Oh Ärger, laß' mir ein klein wenig Ruhe!

Ich nannte Katsy einmal ›meine schlaue Heilige‹. Da sah sie mich spöttlich an, und sagte: »›Deine schlaue Heilige‹!? Auch das noch! Welcher Hund ist denn gestorben, wenn ich fragen darf, und hat Dir was vermacht?«. (Die Wendung klingt in ihrem Munde nicht pöbelhaft; überdem ist sie zuhaus bei ihnen im Schwange.) Tante J., die dabei war, mußte lachen; und auch ich habe gelacht, und dann ruhig wieder weiter geredet. Ich war durch den Dämpfer verletzt, habe es mir aber nicht anmerken lassen; wäre es doch lächerlich, mit meiner Empfindlichkeit Andere zu belästigen. Ich habe sie seitdem nicht mehr ›meine schlaue Heilige‹ genannt; weil ich keinen Wert darauf lege, daß der Vorfall sich wiederhole.

Ich bin mißvergnügten Gemüts, weil ich mir nicht klar bin, ob ich Katsy liebe. Wenn ich Mißbilligung oder Abneigung empfinde, scheint mir meine Urteilsfähigkeit ehrlicher und verläßlicher, als in Fällen wo ich Neigung oder Billigung verspüre.

Byrne ist weder annähernd so gewitzt noch geistig halb so gesund wie Cosgrave; aber ich glaube, daß er mehr Substanz hat, daß sein Geist von einer höheren Rangordnung ist. Er ist in pausenloses Mißvergnügen gehüllt, wie in ein härenes Unterkleid, und mit sich selbst aufs tiefste unzufrieden.

Meines Erachtens sind alle meine Beichten, als ich noch in der Kirche war, schlecht gewesen; denn in keiner einzigen davon bin ich mir selbst durchsichtiger, offenbarer geworden.

Ich versuche, spirituelle Freiheit zu gewinnen.

Viele Menschen haben ebensoviel wie Jesus erduldet, um sich Freiheit des Geistes zu erringen; jenes Recht, auf das Katsy zu verzichten willens wäre, falls sie Nonne werden sollte.

Ich habe Katsy deswegen gern, weil ich mir einbilde, sie werde einmal, wenn sie eine Frau geworden ist, ein volles Leben führen.[1]

Zu Zeiten bewundere ich an Pappie eine unausgesprochene und absolut unaufgeregte Verachtung für seinen Gesprächspartner. Sie bespricht eine souveräne Überlegenheit, und ist gänzlich ohne Mitleid.

Das Banjo hat eine komische, näselnde Stimme.

Ich könnte mir einen originellen Stil der Kritik vorstellen, der einfach die Register aufzeigte, deren sich der Organist bei seinem Spiel vorzugsweise bedient. In einem Roman zum Beispiel eine Phrase wie ›er war ein Mann, von wenig mehr als mittlerer Größe‹. Oder in Henry James' *Porträt einer Dame* so decouvrierende Wendungen wie ›unter gewissen Voraussetzungen gibt es wenige Stunden im menschlichen Leben, die angenehmer sind, denn die der als Nachmittags-Teezeit bekannte Zeremonie gewidmete Stunde.‹

Ich habe in der Rumpelkammer meines Gehirns eine Anzahl ausrangierter, hölzerner Ideale herumliegen.

Ist Denken identisch mit der Bewegung der grauen Substanz[2] im Gehirn; oder hängt es zwar entscheidend ab, ist aber gleichzeitig verschieden, von solcher Bewegung; ebenso wie Leben von der Herztätigkeit abhängt, aber dennoch nicht identisch mit einem Herzschlag oder einer Folge von solchen ist?

1 N: Das bedeutet, daß ich sie um der Möglichkeiten willen gern habe, die meines Erachtens in ihr schlummern.

2 AdÜ: vgl. OD, S. 702: »er sagt, man hätte gar keine Seele in sich drin, bloß Graue Substanz«, und 727: »Graue Substanz, im Schweif haben sie die sämtlich«.

Gogarty handelt aufgrund von ungestalten, hastig entworfenen Verhaltenstheorien, und verursacht seinen Freunden dadurch keine geringen Ungelegenheiten. Da er auch einmal ein renommierter Radrennfahrer war, habe ich ihn ›Endspurt-Gogarty‹ getauft. Muß ich erst noch sagen, daß seine Theorien ihm niemals seine Irrtümer über sich selbst benehmen?

Jim, der einst ernstlich annahm, daß J.F.Byrne Anzeichen von Genie erkennen lasse, meint nunmehr, daß er sich schwer geirrt habe. Er nennt ihn ›Se.Intensität‹ und ›Der seegrüne Unbestechliche‹, und sagt, er sei der einzige Mensch, der mit ihm (Jim) Komödie spiele.

Der Besitz von Geld verändert Jim sehr stark zum Schlechten hin. Der Sinn scheint ihm dann schlagartig in Flammen zu stehen, nach zerstreuenden Ausschweifungen, und er wird sogleich hastig, anmaßend und unhöflich. Seine Exzesse haben ihn beträchtlich heruntergebracht. Sein Geist ist ein bißchen vulgärer geworden, ja sogar brutaler und unaufrichtiger.

Pappie ist ständig auf der Suche, wie er der Langenweile seines Daseins entrinnen könnte. Das ist, wenn er es nur einsähe, der eigentliche Grund seiner Tränen.

Im Katechismus steht, wie Sankt Paul von Apostaten anmerke, daß es ›für sie unmöglich sei, in Reue wiedergeboren zu werden‹; mit anderen Worten, ihre Bekehrung sei äußerst schwierig. Es wird gefragt: ›Warum ist die Bekehrung von Apostaten so äußerst schwierig?‹. Antwort: ›Die Bekehrung von Apostaten ist deshalb so äußerst schwierig, weil sie durch ihren Abfall die Sünde gegen den Heiligen Geist begehen, Gottes Sohn noch einmal kreuzigen und ihn zum Spott machen.‹ Punkt. Dies hochfahrend-pauschale Behaupten bei gänzlich offenen Fragen, dies dekorative Zuschlagen einer falschen Tür, um Andere nach Möglichkeit darüber zu täuschen, wo und wie die Freien entkommen sind, ist eine bewundernswürdige Mixtur aus Einfältigkeit und Schufterei, und im höchsten Grade typisch für die Katholische Kirche.

Wie soll ich mein Leben gestalten? Nicht ein Einkommen erzielen, nicht mich autodidaktisch bilden, oder pfiffig werden, nein – aber wie kann ich die Langweile auf Erden ausrotten helfen? Ich bringe meine Gedanken zu Papier, auf daß ich meinen Zustand erkennen möge; aber ich muß auch tätig auf mich selbst einwirken. Muß irgendetwas tun. Ich muß mich selbst kennen, ebenso wie das mir angemessene Leben,und dann direkt aus meinem wahren Charakter heraus handeln. Aber ich fürchte, ich werde in letzter Instanz immer nur das bleiben, als was ich geboren bin.

Ein Lehrer im Belvedere College hat einmal gesagt, ich täte ketzerische Äußerungen; weil ich erklärte, wie ich nicht glaubte, daß irgendeine Handlung sich je auf 1 einziges simples Motiv zurückführen lasse. Er sagte, ich hätte gefälligst zu glauben, daß Christus aus reiner Liebe zu uns gestorben sei. Worauf ich still blieb.

Pappie ist die ganzen letzten drei Tage besoffen gewesen. Er hat ständig herumgebrüllt, des Sinnes, daß er Jim in den Arsch treten wolle. Immer das eine Wort: »O ja! Ihm'n Tritt geben, bei Gott! Ihm den Arsch brechen, mit'm Tritt; ihm sein' verdammten Arsch brechen[1] mit drei Tritten. Oh ja! Genau mit drei Tritten!« Und immer so fort, durch Labyrinthe von Obszönitäten. Mir wird schlecht davon, schlicht schlecht. Ich habe ein Naturell wie ein Frauenzimmer, und mir wird schlecht ob dergleichen brutalem Beharren auf vorsätzlicher Unwürdigkeit. Ich winde mich förmlich darunter. Ich mühe mich, es als sabberndes Lippen-Exkrement eines Betrunkenen zu betrachten; aber es ist stärker als ich. Uff! Es ist ein Wort, das auch Jim schier ununterbrochen im Munde führt. Er ist öffentlich bekannt dafür, und man hat ihn, ob der Art, wie er es

1 AdÜ: vgl. *Scribbledehobble* S. 86.

ausspricht, schon *im Scherz (!)* verdächtigt, ein ›Hinterlader‹ zu sein.[1]

Oh, wie ich mich geschämt habe! Wie hoffnungslos niedergeschlagen es mich machte, wenn ich morgens um 9, inmitten von Scharen anderer Angestellter, in mein Büro hastete: ›In *mein* Büro‹! Uff!

Ich höre leidenschaftlich gern Drehorgeln zu, (Orgeln mit Klaviatur nicht). Die haben so kuriose alte Melodien drauf, und sie leiern sie so langsam herunter. Mir kommen dabei Gedanken an Südfrankreich, an Orangen[2], an Spanien, wo ich leben möchte.

13. August 1904

Wohl ist mein Leben nach Jim's Vorbild gemodelt; aber wenn mein wenig einnehmender Onkel John oder Gogarty mich beschuldigen, daß ich Jim imitierte, so darf ich diesen Vorwurf wahrlich bestreiten. Mit bloßer Nachäfferei, wie sie unterstellen, hat das nichts zu tun; ich glaube zuversichtlich, daß ich zu dergleichen doch schon zu gescheut wäre, und mein Geist zu reif. Es war vielmehr so, daß ich an Jim das zu würdigen weiß, was ich ehrlich bewundere, und selbst brennend gern erreichen möchte. Aber es ist über alle Maßen entsetzlich, einen klügeren älteren Bruder zu haben – Originalität gesteht mir kaum Jemand zu. Was Ansichten anbelangt, folge ich Jim in den meisten Fällen, aber nicht in allen. Einige wenige Gesichtspunkte hat er sogar meines Erachtens von mir übernommen. Und in diversen Dingen bin ich ihm keineswegs gefolgt. Zum Beispiel was Trinken anbelangt, oder Rumhuren, gemeine Ausdrücke, rückhaltlose Offenheit gegenüber Anderen; beim Versuch, Verse,

1 AdÜ: vgl. S. 195. In ›Gas aus einem Brenner‹ sagt er von den ›Pömen‹ der Russell, Cousins, Colum: »Jedoch – pardon! – betreffend die Varsche, / könnt' man das Sodbrennen kriegen im Arsche«. vgl. auch die genialen ›Hintern-Abbildungen‹ in FW.

2 AdÜ: vgl. die ›Orangen‹-Symbolik in FW.

Prosa, Romane zu schreiben; hinsichtlich Manieren oder Gegenständen seines Ehrgeizes; und längst nicht immer bei seinen Freundschaften. Ich glaube, ich kann es verantworten, wenn ich sage, daß ich Jim nicht mag.[1] Ich merke genau, daß er mich als absolut durchschnittlich und uninteressant ansieht – er macht auch gar keinen Versuch, das zu verbergen – und obwohl ich in dieser Beziehung völlig seiner Meinung bin, wird man schwerlich erwarten, daß mir das gefällt. Eine Situation, die abzuändern keiner von uns die Macht hat.[2] Auch traktiert er mich, auf seine Weise, schlecht; und ich ärgere mich darob. Ich werde versuchen, mir die Glaubensartikel ständig vor Augen zu halten, die ich mir aus Jim's Lebensführung abstrahiert habe – dem Leben desjenigen Individuums, das mich am stärksten beeinflußt hat. Er hat seit vielen Jahren schon aufgehört, an den Katholizismus zu glauben. Zu behaupten, daß ein Mensch sich vom Katholizismus lossage, weil er halt das zügellose Leben eines Freigeistes führen wolle, hat wenig Sinn. Das ist nicht das letzte Wort in dieser Beziehung. Zügellosigkeit und Freigeisterei werden, man verlasse sich darauf, ihre Verteidigung geschickt genug zu führen wissen. In meinen Augen ist die eine Richtung der Wahrheit genau so nahe wie die andere. Es bedarf schon subtilerer Kriterien, eines wissenschaftlicheren Verständnisses, und überzeugenderer Widerlegungen, als dergleichen frech und autoritativ vorgetragene bodenlose Behauptungen mit sich bringen. Das ist eines der typischen Kennzeichen des Katholizismus: bodenlose Behauptungen frech vorzutragen.

Jim will hauptsächlich leben. ›Leben‹ heißt sein Glaubensbekenntnis. Er brüstet sich mit seiner überragenden Fähigkeit zu leben, und sagt in seiner pseudo-medizinischen Phraseologie, das käme von seinem hochspezialisierten

1 N: Siehe weiter hinten. – H: vgl. die Seiten 109 u. 173 f.
2 AdÜ: vgl. MBH, S. 12 f.

Zentralnervensystem. Er verbreitet sich wortreich über den syphilitischen Ansteckungsstoff im europäischen Raum, schreibt zur Zeit an einer Reihe von Studien über dessen spezielle Dubliner Form, und führt platterdings Alles darauf zurück. Wenn ich ihn recht verstehe, läuft sein Geschwafel darauf hinaus, daß das Übel angeboren sei, dazu unheilbar, auch verantwortlich für alle Formen von Manie; ergo, da das einmal so sei, wäre es sinnlos, großartig noch Abwehrmaßnahmen zu veranstalten. Er scheint Einen sogar einzuladen, entzückt zu sein ob besagter Manien, und jedwede bis in ihre feinsten Verästelungen hinein zu würdigen. Darin folge ich ihm allerdings mit nichten; obwohl ich seine Theorie vom Ansteckungsstoff, die er mit Zitaten aus medizinischen Autoritäten belegt, wohl akzeptieren muß. Aber selbst das tue ich nur zögernd; denn ich habe den Eindruck, daß die Rolle der Vererbung hierbei irgendwie überbetont werde. Dennoch bin ich rüstig dabei, in diesem Punkt zum eingebildeten Kranken zu werden, und entdecke bereits ›Symptome‹ bei allem, was ich tu & treibe. Ich kann mich des Eindrucks nicht erwehren, daß *mein* Zentralnervensystem angeschlagen sei; und beobachte jegliche Vorsichtsmaßnahme, die meine Halbbildung mir nur eingibt, um es wieder anzuregen.

In Jim's Liebe zum Leben finde ich irgendetwas Experimentelles, etwas Ästhetisches. Er ist in erster Linie Artist. Er besitzt vielzuviel Talent, um etwas anderes zu sein. Wenn er nämlich nicht Vollblut-Artist wäre, würde sein Talent ihn pausenlos beunruhigen, wie Samen. Um Dinge, die im allgemeinen das Dasein auszumachen pflegen, wie Ruhm, Politik, Frauen (Huren nehme ich aus), Familie und Wohlhäbigkeit, scheert er sich nicht. In diesem Punkt scheint er jedoch einer Selbsttäuschung zu unterliegen, und das gibt seinem Gebaren gleichsam etwas unzuverlässiges und widriges. Er ist seinem Wesen nach von Natur aus ein Antipode der gängigen Moralität. Moralität langweilt und irritiert ihn. Er versucht, nach seinem ›Prinzip des Impulsivismus‹ zu leben; wobei die Echtheit des Impulses die Rechtfertigung seiner Aufführung bildet. Das Prinzip selbst ist ebenfalls ein Impuls, keine erarbeitete Maxime[1]. Imgrunde ist er Polytheist: was ihm im Augenblick gefällt, ist sein Gott für den Augenblick. Er verlangt für sich absolute Freiheit, zu tun was ihm gefällt. Er beansprucht auch die Freiheit, Unrecht zu tun, ob er nun Gebrauch von ihr macht oder nicht; und aus Furcht, er könne sich hierbei selbst durch irgendeinen Hintergedanken täuschen, behauptet er eifersüchtig sein Recht, sich selbst zu ruinieren. Er läßt keinerlei Zwang gelten, nicht einmal den selbst-auferlegten; und betrachtet ein erzwungenes Wachstum, sei es an & für sich noch so bewundernswürdig, als unmöglich Genüge tuend.

Nun ist diese Art Lebensführung natürlich in hohem Grade unbefriedigend, und sein Benehmen starrt auch förmlich von Widersprüchlichkeiten. Zum Beispiel nimmt er ganz regelmäßig Stimm- und Gesangsübungen vor; arbeitet auch nahezu täglich an seinem Roman, mit der Begründung, wie er sich die Hand in einem solchen Maß zu üben gedenke, daß ein guter Stil ihm so organisch gelinge wie Gesang. Derlei Inkonsequenz könnte man nun allenfalls wiederum einen Impuls heißen, führte er nicht gleichzeitig beide Tätigkeiten als Beweise seiner Kraft regelmäßig zu arbeiten an, die ihm immer noch innewohne. Vor allem aber hat er mit Bewunderung von Ibsen als einem ›Selfmademan‹ gesprochen – zum Teil selbstredend aus reinem Vergnügen daran, eine so alltägliche Redensart auf einen so außergewöhnlichen Mann anzuwenden – und da finde ich ja nun allerlei, mich zu verwirren und zu beunruhigen, in dieser Antinomie: einerseits das Monopol auf Arbeit & die Lehre von der

1 N: Er bringt diesen Impulsivismus dadurch mit Philosophie in Einklang, daß er den letzteren Begriff überanstrengt. Er hebt seinen Freunden gegenüber Aristoteles in den Himmel, und brüstet sich selbst mit dem Namen eines Aristotelikers.

systematischen Selbst-Hochzüchtung bis hinauf zum Ideal des wissenschaftlich gebildeten Humanisten, (Vorschriften die ich zutiefst verabscheue; die mir aber dennoch meine einzige Hoffnung scheinen) – und auf der andern Seite das ›Prinzip des reinen Impulses‹, das mir mächtig zusagt, und mir auch das richtige Erste Prinzip allen Lebens überhaupt dünkt, weil es das natürlichste ist. (Dies ›natürlich‹ deutet übrigens meine private Ansicht vom Leben an; meines Erachtens müßte Lebenskunst in enger Nachahmung der Natur bestehen.) Dergestalt lebe ich in einem Zustand dauernder innerer Unzufriedenheit dahin, weil besagtes Prinzip mir logisch unhaltbar erscheint.

In der Liebe zur Philosophie bin ich Jim nebenbei nicht gefolgt; bin ihm vielmehr vorangegangen. Ich habe sogar zwischen 16 und 17 einmal versucht, eine Philosophie schriftlich zu entwickeln, (ich nehme an, man hätte es wohl richtiger eine Metaphysik genannt); als ich aber rund 9 Seiten davon zu Papier gebracht, und eingesehen hatte, daß meine Interpretation des Lebens ein bißchen zu simpel war, um interessant zu sein, verbrannte ich die Blätter. Von einer Handlungsweise zu sagen, daß sie irrational sei, genügt in meinen Augen, sie zu verdammen; aber unglücklicherweise genügt es nicht, daß ich sie nun auch gefühlsmäßig mißbilligte. Au contraire: zu sagen, daß sie verständig sei, scheint mir verdächtig gleichbedeutend damit, zu sagen sie sei höchst alltäglich. Mittelmäßigkeit ist mir wie ein ›armer Verwandter‹, den ich nicht ausstehn kann; und der Goldene Mittelweg ist mir ebenso zuwider, wie er es Jim ist. Es springt in die Augen, daß, welche Methode auch immer in Jim's Lebensführung liegen möge, sie jedenfalls hochgradig unwissenschaftlich ist; und dennoch läßt er, in der Theorie, einzig die wissenschaftliche Methode gelten. Wissenschaft anbelangend, weiß er ›all & jeden Dreck‹; und wenn in seinen Adern dasselbe Blut fließt, wie in den meinen, dann müßte sie ihm mißfallen. Ich heiße es einen Mangel an schweigender Wachsamkeit in ihm, daß er so all-bereitwillig ist, den Übergriffen der Wissenschaftler in ihnen nicht zustehende Gebiete, sogleich Legitimität zuzuerkennen. Das Wort ›wissenschaftlich‹ bedeutet in seinem Munde grundsätzlich ein Lobeswort. Ich bewundere wohl auch die wissenschaftliche Methode; bin mir aber stets klar darüber, daß sie längst existierte und ausgeübt wurde, ehe die Wissenschaft so bäurisch-plump wurde, wie sie zur Zeit ist. Bezüglich eines hier einschlägigen Punktes gehen unsre Anschauungen diametral auseinander: er hat den Wunsch, sich jedwede wissenschaftliche Errungenschaft nach Kräften nutzbar zu machen; während ich ein unbesiegbares Vorurteil gegenüber mechanischen Künsteleien habe, (Spezialgeräte und -instrumente ausgenommen). Fahrräder, Kraftwagen, Autobusse und all dergleichen, dünken mich mutwillige Zwangseinrichtungen, das Gehätschele eines künstlich erzeugten Bedürfnisses. Was Sinnes-Prothesen anbelangt, wie etwa Herbert Spencer's ›Ohrenkappen‹, so scheinen sie mir so ziemlich das ekelhafteste an Niedrigkeit und Entwürdigung; Jim übrigens ebenfalls; ich habe ihn gezwungen, das zuzugeben. Selbst vom reinen Erfinder-Standpunkt aus bin ich mir sicher, daß sie etwas jämmerliches sind; denn das Mißverhältnis zwischen den aufgewandten Mitteln und dem Endeffekt ist beträchtlich.

Jim prahlt damit – und er prahlt neuerdings häufig – wie modern er sei.[1] Er bezeichnet sich selbst als Sozialisten; schließt sich jedoch nicht einer bestimmten sozialistischen Schule an. Er merkt das Wurzelloswerden der feudalistischen Prinzipien an.[2] Außerdem, und außer jenem geschliffenen Egoismus, den er den ›Modernen Charakter‹ nennt, verkündet er alle möglichen Arten von antichristlichen Idealen – Selbstsucht, Zügellosigkeit, Mitleidslosigkeit. Was

1 AdÜ: STH S. 190 f.
2 AdÜ: STH S. 179.

er die Häuslichen Tugenden nennt, sind in seinem Mund Synonyme der Verächtlichkeit. Den Begriff der Dankbarkeit erkennt er nicht an; sagt vielmehr, das komme ihm vor, wie wenn ein Mensch ihm in einer Regennacht zwar einen Mantel leihe, jedoch um eine schriftliche Empfangsbescheinigung ersuche. (Dankbarkeit ist ja auch, nehmt nur alles in allem, ein ungutes Gefühl – Verbindlichkeit von vorn, von hinten knurriges Grollen.) Da er praktisch vom Pumpen und von Liebesgaben lebt, und die Leute eigentlich niemals verfehlen, ihn auf ihre Art als Genie zu behandeln – während er sie wie Idioten traktiert – hat er massenhaft Gelegenheiten nützen können, aufs vorbildlichste Undankbarkeit an den Tag zu legen. Es ist natürlich unmöglich für ihn, alle seine Ideen ganz konsequent in die Praxis umzusetzen, aber er tut sein bestes.[1] Er behauptet, es lebe kein Mensch, der so viel Aussichten für die Zukunft habe, wie er; aber da er der größte Lügner ist, den ich kenne, und er sich weiterhin rapide die Mentalität des Trinkers aneignet, scheint er mir, zumindest was seine mögliche Nachkommenschaft betrifft, erstaunlich wenig Sorge um diese zu hegen. Den Katholizismus hat er geschätzt; verworfen; bekämpft; und dann, nachdem jener seine Macht über ihn endgültig eingebüßt hatte, wieder gewürdigt; und in Bezug auf Pappie, der für ihn ebenfalls eine Spielart des Feudalismus verkörpert, reagiert sein Geist unverständlich pervers. Vor allem ist sein Sinn für söhnliche Ehrerbietung, wie für Ehre überhaupt, ganz & gar drollig. Ein weit gewichtigerer Einwurf ist der folgende: wieso kann Jim die eigene Selbstsüchtigkeit so großartig proklamieren, und sich dann über die Selbstsüchtigkeit Anderer ihm gegenüber ärgern? Ich stimme in all diesem insofern mit Jim überein, als seine

1 N: Im Grunde gibt er sich alle Mühe, die Sünde wider den Heiligen Geist zu begehen; mit dem heimlichen Zweck, die äußerste Grenze des Katholizismus unwiderruflich hinter sich zu lassen. – AdÜ: vgl. MBH, 205.

Vorstellung von ›Modernität‹ sich vermutlich als Corollar meiner eigenen Theorie erweisen wird: daß es sich bei dem *›Genius‹* um eine neue biologische Species handele. (Ich hege viele Theorien.) Und überdem empfinde auch ich, daß der gängigen Moralität gewissermaßen etwas verklumptes und zutiefst unbefriedigendes anhaftet.

Er hat so manchem Ausdruck verliehen, dessen ich mich entsinne; obwohl es mir möglicherweise nur deshalb richtig schien, weil es mir zusagte. Zum Beispiel seine Verachtung für Enthusiasmus; für verkrampfte Anstrengungen; für Poussiren und Sentimentalität, die er, wie er sich ausdrückt, den kaufmännischen Angestellten überlassen will. (Allerdings unternimmt auch er Nachtpromenaden mit Miss Barnacle[1], und küßt sie ab, während sie ihn ›Schatzi‹ nennt; ob er schon kein kaufmännischer Angestellter ist.) Ebenso hat er gesagt, wie Zivilcourage dasjenige wäre, was Frauen am meisten an Männern bewunderten; oder daß die Menschen deshalb unglücklich seien, weil sie sich nicht in Worten auszudrücken verstünden; und an solche Sachen erinnere ich mich, und überdenke sie zu Zeiten, und ob sie auch geringfügig scheinen mögen, beschäftigen sie mich doch erheblich. So, das wäre Jim's Religion – sein Glaubensbekenntnis dürfte wahrscheinlich noch etwas abweichend lauten – soweit ich sie in Lehrsätze zu bringen imstande bin. Das Experiment seines Lebens hat, meines Bedünkens, jetzt weniger persönlich Interessantes als früher; obgleich er immer noch fähig ist, über sich selbst zu Gericht zu sitzen, und das mit einer Reinlichkeit des Vorsatzes, die gänzlich außerhalb meiner Macht läge. Sollte er jedoch die Entdeckung machen, daß auch dies Interesse überwiegend experimentell bedingt sei, würde er es wiederum als eine unverzeihliche Selbsttäuschung erachten, deshalb nun etwas wie persönliche Besorgnis sich einmischen zu lassen – er ist in großer Gefahr

1 AdÜ: Nora Barnacle war James Joyce's spätere Frau; vgl. S. 89.

vor sich selbst. Ich erkenne genau die Art, wie seine Lebensführung und ein unbefriedigtes Gemüt einander wechselseitig Gewalt antun. Er hat auch nicht mehr die Selbstbeherrschung, wie er sie einst besaß. Er ist letzthin ausgesprochen in der Gewalt seiner Freunde gewesen; und es hat der tätigen Einschaltung Cosgrave's bedurft, ihn von Jenen frei zu machen. Noch vor 1 Jahr hätte er sich selbst zu befreien vermocht. Er hat diese meine Notizen grundsätzlich gelesen, weil sie immer viel über ihn selbst enthielten; und wenn ich sie irgendwie zu betiteln hätte, würde ich sie vermutlich ›Mein Tagebuch in der Nachfolge Jims‹ überschreiben. Dennoch glaube ich, daß sein Einfluß auf mich im Vergleich zu früher eher geringer zu werden beginnt. (August 1904).

May fängt langsam an zu leben. Sie hat sich bei Katsy erkundigt, ob sie sich nicht verändert habe – verändert hinsichtlich ihres Benehmens, meinte sie. Katsy hat erwidert, sie könne keinerlei Veränderung an ihr wahrnehmen. May sagte, sie hätte gedacht, ihr Benehmen wäre schauderhaft geworden – »so stupide, weißt Du«. Die Murrays halten May für intelligent. Sie ist auch intelligent.

Mein Tagebuch ist nicht aufregend freimütig; denn ich bin nicht übermäßig mitteilsam, auch mir selbst gegenüber nicht.

Frauen bewundern Originalität fast ebensosehr wie Zivilcourage, und mögen sie, wie ich meine, auch nicht minder leiden.

Ich bin unvernünftig neidisch. Ich beneide zum Beispiel Jim um das, was Katholiken als ›die Reinlichkeit seiner Absichten‹ bezeichnen würden. Um seine Manieren, sein Äußeres, seine Gaben, seinen Ruf beneide ich ihn nicht. Wenn ich ihn um irgendetwas beneide – etwa die Stärke seiner Empfindungen, die Schönheit seines Geistes (zu Zeiten), sein Gefühl für Ehre, seinen Stolz, seine Unmittelbarkeit – dann abstrahiere ich dabei von allem Persönlichen: ich beneide in Wirklichkeit nicht *ihn*, sondern seine Gesamt-Seelenlage.

Miss Barnacle hat eine sehr nette Art; aber der Ausdruck ihres Gesichts will mich ein klein wenig gewöhnlich bedünken. Ihr Haar ist prachtvoll.[1]

Eines ist's, das mich – mag ich mich ansonsten verändern wie ich will – davor retten wird, hoffnungslos durchschnittlich zu werden: ich werde unter ›Leben‹ stets eine Aktivität des Geistes verstehen, aufgrund deren sich durchaus spirituelle Befriedigung ergeben kann. Eben diese spirituelle Befriedigung werde ich stets als der Güter höchstes betrachten, und das Leben niemals hinnehmen wie ein Kasteiungsgewand, das mehr oder minder bequem geschneidert sein kann.

Ich habe mir selbst den Spitznamen ›Il Penseroso‹ verliehen.[2]

Ich glaube, Meredith's Buchtitel, *Einer unserer Tyrannen,* wäre trefflich anwendbar auf unsere Priesterschaft in Irland.

Einer meiner Hauptgründe bei Weiterführung dieser Aufzeichnungen ist der, mich daran zu hindern, daß ich stupide würde.

Jim hat ein Gesicht wie ein Wissenschaftler. Nicht wie diese alten Fummler, Huxley oder Tyndall; sondern wie einer von den neueren Ausländern – Finsen oder Marconi.[3]

Haben Sie schon jemals den ganzen geschlagenen Tag lang, eine Melodie summen müssen, die Sie verabscheuen? Sind Sie jemals unfähig gewesen, sich davon zu befreien, ganz gleich, wie viel Mühe Sie sich gaben? Haben Sie jemals Gedanken gedacht, die Sie verabscheuen; und sind dennoch unfähig gewesen, sie innerlich zum Schweigen zu bringen,

1 AdÜ: Das rote Haar der »auburn maid« wird rund 100 Mal in FW angespielt.

2 AdÜ: Vgl. Milton's gleichnamiges Gedicht.

3 AdÜ: Der Däne Nils Finsen hatte soeben (1903) den Nobelpreis für Medizin erhalten; Marconi bekam ihn 1909 für Physik, Beide erwähnt in FW.

ganz gleich wie sehr Sie sich auch darob verabscheuten? Wir sind für solche Gedanken nicht verantwortlicher, als wir es für unsre Träume sind – dennoch erachten wir uns selbst nicht als schuldlos.

6. Januar 1904[1]

»Er ist ein Mann von großem Ruf,
und wohnt in Cork, der Stadt;
er hat's entdeckt, und wird es nun
zu predigen nicht satt.
Ihm, der bereits in seinen Teens
beliebter Hausarzt war,
gelang der große Fund schon als
Student im Seminar. –

Oh, Doktor Dooley! Oh, Doktor Dooley!
Der Staat verdankt Dir seine inn're Ruh;
denn: ›Masturbation nur,
killt 'ne Nation nur.‹,
sprach Doktor Duli-uli-uli-uh!«[2]

Poppie ist die selbstloseste Person, die ich kenne. Sie ist halsstarrig, ja, und neigt stark dazu, Widerpart zu geben; aber imgrund ist sie sanft, und nimmt sich die häuslichen

1 H: Das derart aus der Reihe tanzende Datum dürfte vermutlich das sein, wo er den folgenden Song das erstemal gehört hat.

2 N: Ein garstiger Tatbestand, und nicht einmal witzig parodiert. – AdÜ: ›Mr. Martin Dooley von der Archey Road‹ ist der Held eines halben Dutzends, zwischen 1898 und 1919 erschienener, sämtlich seinen Namen im Titel führender Bände, mit humoristischen Skizzen von F. P. Dunne (1867–1936). Diese Gestalt war schon 1901 so populär, daß B. Jerome ein weitverbreitetes ›Couplet‹ über sie schreiben konnte, von dem James Joyce 1916 unter dem Titel ›Dooleysprudenz‹ eine Variante in 6 Strophen, wie die obenstehende, lieferte; vgl. *Kritische Schriften*, S. 246.

Angelegenheiten sehr zu Herzen. Sie scheint zu wünschen, daß,wenn schon Einer leiden müsse, sie das Opfer sein solle. Was für einen erstaunlichen Sinn für Pflicht Frauen doch besitzen!

Jim scheert sich, seiner Aussage nach, nicht darum, was Andere über ihn denken; dennoch weiß ich genau, daß sein Stolz ebenso darunter leiden muß, ihrem Betragen ausgesetzt zu sein, wie es der meine tut.

Ich unterhalte mich immerfort innerlich mit mir selbst; zuweilen in dem Bemühen, Gedanken in Worte zu fassen; zuweilen – sogar meist – um mir ein Musikstück wieder zu vergegenwärtigen; zuweilen sind es auch nur Phrasen und Reime, die ich mechanisch wiederhole, und die häufig nicht den geringsten Sinn haben. Oftmals wird mir ein ganz nebensächlicher Vorfall die Veranlassung zu einem langen, planlosen Gedankenspiel, mit mir als Helden; bis ich dann plötzlich wieder zu mir komme, meine Narretei erkenne, und das Gefühl habe, wie wenn ich nackt & bloß dem Spott der Normalgemüter von außen, und meiner eigenen habituellen Selbstverachtung von innen her ausgesetzt, zurückbliebe. Manchmal, und nicht ganz aus freien Stücken, greife ich innerlich die Phrasen der Vorübergehenden auf, wie sie sich begegnen, und beantworte sie mit Verwünschungen. »Hoh, wie geht's denn?« : »Na, ausgezeichnet, Dank' schön, Du schnapsdurchweichter, miefseeliger Clown!«. Oder: »Ach, Sie sind das!?« : »Na, Wer, zum Teufel, sollte 's wohl anders sein, Du kleine Schreiberseele! Du vollendet vulgärer Knote! Du schicker kleiner Promenadenmischling, Du!« Und zu Zeiten werde ich unversehens ganz still im Innern; überkommen von dem Gefühl eines Mannes, der zur Nacht geräuschvoll die Straße entlanggeht, vor sich hin pfeift & singt – und der urplötzlich stehen bleibt, um zu lauschen.

Tante Josephine hat mich informiert, daß ich mich unterschätze, und daß ich kein Egoist sei. Dabei sollte ihr der bloße Umstand, daß ich derart anhaltend über mich nachdenke, beweisen, daß ich einer bin. Dennoch bewerte ich mich selbst nach Jim's Einschätzung von mir; vielleicht, weil sie mit der meinen identisch ist.

Während jeder Krise seines Lebens, während jeder Epoche von einiger Wichtigkeit, in Zeiten wo er über Geld verfügt und einen gewissen Ruf genießt, trennt sich Jim's Lebensweg von dem meinen. Sobald diese vorübergegangen sind, scheinen wir uns, eine Weile danach, einander wieder zu nähern. *Et je m'en fous, je reste dans mon trou.*

6. August 1904

Vor ein paar Tagen las Jim, wie es seine Gewohnheit ist, diese meine Notizen durch. Er las sie rasch; und warf sie dann wieder hin, ohne 1 Wort zu sagen. Ich fragte ihn, ob er schon fertig sei? Er sagte »Ja«. »Hast Du alles gelesen?«, erkundigte ich mich nicht ohne Absicht. »Oh ja«, sagte Jim, mit einem kurzen Auflachen ob seiner eigenen Freimütigkeit: »alles; ausgenommen den Part, der von Dir & Kathleen handelt.« Was er damit implicite andeutete, schien mir wahr, ergo erwiderte ich nichts; aber ich darf gestehen, daß ich bis ins Innerste der Seele verwundet war. Als Jim nach einiger Zeit dann gegangen war, nahm ich mir die Notizen vor, und las den betreffenden Part noch einmal nach [1] – er langweilte mich eigentlich nicht.

Unter die glücklichsten Augenblicke meines Daseins rechne ich die, wenn ich, als Kind in ein finsteres Zimmer eingesperrt, zu schluchzen aufgehört hatte, und den seltsamen Geräuschen zu lauschen anfing, die von unten heraufdrangen – die Unterhaltung der andern Familienmitglieder; und das dinnerliche Tellergeklapper tief im Abend.

Cosgrave hat mir – in meiner Abwesenheit; in einem Gespräch mit Jim – ein enormes Kompliment gemacht. Es

1 H: vgl. die Seiten 68 ff.

ging irgendwie um die Frage, ob Jim zur Zeit wirklich liebe oder nicht. Cosgrave erklärte ihm: jawohl, das tue er; aber auch, daß diese Liebe nur die Nummer 1 von 100 sei, und daß sie nicht anhalten würde. Er fuhr damit fort, zu sagen, daß Jim nicht der Mann dazu sei, die Heldenrolle in einer Liebe zu übernehmen, wie die von der die Romanschreiber sprechen – 1 Liebe für alle Ewigkeit – und daß, falls von seiner ganzen Bekanntschaft überhaupt ein Mann ihm dazu fähig scheine, dieser Mann ich sei.

Man hat mir schon öfter Schmeicheleien gesagt – Tante Josephine zum Beispiel, oder auch Cosgrave. Man hat mir mitgeteilt, daß manche Leute mich sogar Jim vorzögen. Nun wirkt Lob in's eigne Gesicht hinein immer ein bißchen unaufrichtig; aber wenn mir Worte eines Dritten wiedererzählt werden, und ich achte die betreffende Person, dann bin ich dankbar dafür, wie für ein Geschenk. Dennoch denke ich deswegen nicht höher von mir; weil ich überzeugt bin, daß, wie sehr ich die Urteilskraft des Betreffenden anderweitig auch schätzen mag, er sich in meinem Fall im Irrtum befindet. Ich bin mir nicht ganz sicher; aber ich glaube, ich denke fürderhin nicht mehr ganz so hoch von ihm, weil er so hoch von mir denkt. Das ist die reine Wahrheit. (Der erste, bei dem ich diese Enttäuschung bewußt empfand, war Pater Henry, der Rektor von Belvedere, und für einige Jahre mein Lehrer.[1] Dempsey, unser Englisch-Lehrer[2], mit dem ich recht vertraut umging, teilte mir einmal mit, wie Jener eine sehr hohe Meinung von mir hätte. »Hohe Meinung von mir in welcher Beziehung?« »In jeglicher Beziehung«, erwiderte Dempsey. Da war ich ehrlich überrascht, daß ein Mann von seinem Scharfsinn

1 AdÜ: Pater William Henry findet sich zu Beginn der Erzählung ›Eine Begegnung‹ in den DUB parodiert; vgl. auch ELL, S. 48 f. und 56 f. sowie MBH, Ss. 89 f., 104 ff. u. ö.

2 AdÜ: Der ›Mr. Tate‹ des PDK; vgl. auch MBH, S. 94 u. ö.

einen derartigen Fehler sollte begehen können; und begann sogleich, mir in der Erinnerung diverse Vorfälle zusammenzustellen, die ihm eigentlich hätten die Augen öffnen müssen.)[1] Wenn ich andererseits die betreffende Person verachte – wie im Falle Bergan[2] – lege ich zwar keinerlei Wert auf seine gute Meinung, kann aber nicht leugnen, daß sie mir doch die Ohren kitzelt. Ich sehe ein, daß es bei dem Betreffenden oftmals nur eine andere Art, seine Angst vor Jim auszudrücken, ist – wir werden selbstredend, von Jedermann, andauernd unwillkürlich miteinander verglichen – daß es sich häufig um Unaufrichtigkeiten handelt, und eigentlich grundsätzlich einen Tadel darstellt; denn was der Betreffende für gut hält, muß für Einen von meiner Denkweise platt und vulgär sein. Meinungen über mich, denen ich zu trauen geneigt bin, sind diejenigen, zu denen die Leute gewissermaßen überrumpelt werden; denn ich weiß, daß wenn sie sich umständlich anschicken, ein Urteil abzugeben, sie das, was sie in Wahrheit denken, doch nicht sagen können. Deshalb traue ich Jim's spontanen Ausrufen weit mehr; oder auch Vorfällen, wie etwa dem folgenden. Vor ein paar Jahren, abends bei Sheehy's, führten wir ein Gesellschaftsspiel auf, das sich ›Die Lästerschule‹ nennt. Es besteht darin, daß Einer hinausgehn muß, und Jeder der im Zimmer Zurückbleibenden tut einen Ausspruch über ihn. Er hat dann zu raten, wer die einzelnen Sachen über ihn geäußert hat. Es ist ein amüsantes Spiel. Jenen Abend war Dick Sheehy draußen, und Maggie diejenige, welche die Aussprüche notierte. Als sie zu mir kam, sagte ich, daß Dick elefantesk an Witz & an Gestalt wäre. Maggie schrieb's erst hin; sah mich eine Sekunde lang an, und sagte

1 N: Auch komme ich, ganz allgemein, zu dem Schluß, daß ich eigentlich ein vorzüglicher Heuchler sein muß.

2 H: ›Alf Bergan‹, ein Freund des alten Joyce, erscheint unter seinem eigenen Namen im OD. – AdÜ: hauptsächlich im ›Zyklopen‹-Kapitel, ab S. 283.

dann zuversichtlich: ›Oh, darauf kommt er nie & nimmer, daß *Sie* das gesagt haben könnten!‹. Ich sagte gar nichts.[1] Das echt pariserische Kompliment blieb unbemerkt; ich aber notierte mir mentaliter, wie ihr soeben die Meinung entwischt sei, die man sonst dort hege, wenn man meiner gedächte. Zumindest besitze ich diese 1 Gabe: die des Beobachters. Ich habe ein gutes Gedächtnis für Komplimente, ebenso wie für deren Gegenteil. Und endlich gestehe ich gern, daß auch ich all dies sture Selbst-Mißtrauen über die Maßen langweilig finde.

Was für einen Zweck hat dies ganze Geschreibe für mich, wenn, um nur ein Beispiel zu bringen, nichts zu essen im Hause ist? Eine Frage, die ich mir wohl selbst vorlege, mich jedoch der Antwort nicht stelle. Zu was sind meine Gedanken mir nütz, wenn sie mich weder prominent noch klug machen; mir vielmehr die Zeit wegnehmen, die ich darauf verwenden könnte, mir ein hinlängliches Auskommen und sonstige Sicherungen zu verschaffen? Ich sehe nicht ein, warum ich sie (meine Gedanken) verstoßen sollte; und bin mir übrigens auch nicht sicher, daß ich es könnte, selbst wenn ich mir Mühe gäbe. Es würde mir scheinen, als stieße ich damit jeglichen höheren Ehrgeiz von mir. Ich habe letzthin 2 kuriose Impulse an mir verzeichnet. Der eine war, den Versuch zum Geldverdienen zu machen; der andere, mein Ringen, etwas anderes als durchschnittlich zu sein, schlicht aufzugeben. Der Gedanke an Selbstmord ist mir nie mehr gewesen, als eine rein akademische Möglichkeit.

Ich habe Jim einmal dazu überredet, Turgenjeff's *Tagebuch eines Überflüssigen* zu lesen; weil mir dabei ein Einfall gekommen war. Ich fragte ihn dann, was er so davon dächte? Er sagte, der Betreffende schiene ihm eine frappante Ähnlichkeit mit mir zu haben. Genau das war auch mein

1 AdÜ: vgl. MBH, S. 159.

Eindruck gewesen.[1] Kann mich da noch Jemand darob tadeln, daß ich Jim's Einschätzung meiner selbst akzeptiere; wo wir doch, ganz unabhängig voneinander, zu so glänzender Übereinstimmung gekommen sind?

Ich habe das Bedürfnis, gewaschen und ausgelüftet zu werden – hauptsächlich innerlich gewaschen. Ich scheine Krötenblut in mir zu haben. Ich bin zeit meines Lebens nicht jung gewesen, nicht jungfräulich, nicht jungenhaft, nicht ursprünglich oder geistvoll. Die Quellgründe des Glücks sind in meinem angekränkelten Geist verschmutzt und verseucht.

Ich habe Sympathien für Dekan Swift. Sein Charakter eines mürrischen Saturns, der sich in dumpfer Wut gegen sein Volk verzehrt, hat viel an sich, das ich voll & ganz verstehen kann. Yeats hat einmal gesagt, daß er den Gentlemen unserer Stadt das Vorbild gegeben habe, seinen Nachbarn zu hassen, wie sich selbst. Wenn die Iren einen so tief eingewurzelten und pausenlosen Abscheu gegen England empfänden, wie ich ihn gegen Irland habe, bedürfte es keiner weiteren Propaganda.

Yeats hat, nebenbei bemerkt, auch einmal sehr witzig geäußert: daß die Iren in Rudeln zu denken pflegten.

Jedermann fragt mich ständig: ›Was ist denn los mit Ihnen?‹, ›Was stimmt denn mit Ihnen nicht?‹. Ich weiß es selbst kaum.[2] Ich bin umringt von Zweifeln, und halte viel

1 AdÜ: vgl. hierzu STH, S. 47; und vor allem MBH, S. 225, wo Stanislaus fortfährt: »Der Schluß jenes *Tagebuches,* wo unten auf dem freien Raum der letzten Seite das Gesicht des Mannes hingezeichnet ist, zusammen mit dem planlosen Gekritzel von Jemand, der nach dem Tode des unseligen Tschulkaturin das Tagebuch gefunden und gelesen hat, schien mir ein Meisterstück an Darstellung unserer Nichtigkeit & Vergänglichkeit«; James Joyce hat hiervon in FW, S. 308, Gebrauch gemacht.

2 N: Wenn man sich begütigend erkundigt, was mich denn verdrossen hätte, ärgere ich mich; weil mein Verstummen grundlos scheint. Ich

davon, im stillen Kämmerlein über mich selbst zu Gericht zu sitzen. Ich traue der Einstellung der Leute mir gegenüber nicht; und kann auch Keinen hinreichend gut leiden, um mich ihm rückhaltlos anzuvertrauen. Was sollte ich ihnen letzten Endes auch sagen? Wie albern und uninteressant müßte sich solch eine Aussprache gestalten. Ich frage mich grundsätzlich, ob ich, sobald ich Zuneigung zeige, nicht mich selbst & gleichzeitig den Andern täusche; und diese Unsicherheit macht mein Benehmen zweideutig. Während ich lache und mich unterhalte, gefalle ich mir gar nicht. Daß ich mich selbst nicht verstehe, bedrückt mich beständig, und viele andre Dinge ebenfalls. Ich empfinde mich als unfruchtbar und unedel, als schlapp und stupide; bin aber noch am wenigsten unzufrieden mit mir, wenn ich schweige.

Ausnehmend gut gefällt mir das ›Porträt eines jungen Mannes von Adel‹ von Sanchez Coello, einem spanischen Maler des 16. Jahrhunderts.

Mir deucht, daß vieles von den mystelnden Dialogen zwischen Schriftstellern – den modernen zumal – auf Rechnung der unzulänglichen Formulierung ihrer Gedanken zu setzen ist; beziehungsweise ihrer Abneigung, sie in Geduld zu entwickeln.

Die Antike ist eine Zeit, mit der sich alte Leute, aufgrund karger und ergo sehr dehnbarer Daten, wie die Kinder amüsieren, Theorien aufstellen und ein utopisches Staatswesen nach dem andern erbauen. Es wäre eine unverzeihliche Leichtgläubigkeit, dergleichen für mehr zu nehmen, als für erdachte Histörchen.

Der Tod ist ein sehr summarisches Ende; eigentlich ein unerlaubt brutales Argument, auf das es platterdings keine Antwort mehr gibt – immerhin aber eine Entscheidung für einen unlustig Lebenden. Schön; wenn ich dahingegangen

erkläre dann jedesmal »Nichts« – also die Wahrheit – aber man glaubt mir nicht, und fängt an, mit mir zu schmollen.

bin, wird, zumindest ein Weilchen noch, die Erinnerung an mich da sein. Aber was hab' ich von solcher Erinnerung? Ich selbst werde mich an nichts mehr erinnern. Der Zusätze zu meinem Wissen und meinen Lebenserfahrungen wollten täglich mehr werden; der Tod jedoch hat fein säuberlich 2 rote Striche darunter gezogen, und als Endsumme ein NULL hingeschrieben. Aber das allgemeine Abnehmen am Ende, die Ohnmachten, die ekstatische Schwäche, das schließliche Aufgeben, das feige Bewußtsein, daß nichts mehr von einem zu erwarten steht – wahrlich, »'s ist ein Ziel, auf's innigste zu wünschen«. Wie aber, wenn wir doch dadurch, daß wir leben, etwas Höheres gewinnen könnten, als das Leben selbst?

Die Iren sind, in moralischer Hinsicht, ein Volk von Feiglingen und Chaos-Liebhabern, streitsüchtig und leicht hinters Licht zu führen, heruntergekommen an Willen und Intellekt, und an Vorgesetzte gewöhnt; hinzu kommt ein unergiebiges Wissen um ihre eigene Wertlosigkeit, das sie pausenlos versuchen macht, sich selbst und andere davon zu überreden, daß sie nicht das wären, was sie doch sind: die verlogene, unzuverlässige, charakterlose Bewohnerschaft einer unbedeutenden Insel im Atlantik.

Der Forschertrieb; das Gedächtnisspeichernde; die Fähigkeit zu Verstandesoperationen & logischem Folgern – eine versuchsweise Dreiteilung des menschlichen Intellektes.

In Chopin's Walzern ist die Stimmung matt & abgespannt; aber die Melodie scheint mir eine davon abgesonderte Brillianz zu besitzen.

Ich entsinne mich des Morgens, als ich mit dem *Haus der Sünde* [1] zu Ende war – ein dampfiger, gelber Morgen.

1 AdÜ: französischer Roman von Marcelle Tinayre (1872–1948), den auch James Joyce kurz rezensiert hat, (*Kritische Schriften*, S. 121 ff.); da der Held, wie er selber, ›Augustin‹ hieß, ist einigen der zahlreichen ›Augustinus‹-Anspielungen in FW auch dieses Buch superponiert. Ob

Die Lektüre hatte mich recht befriedigt, und mir ein Gefühl persönlicher Traurigkeit zurückgelassen. Ich ging hinaus in den Garten. Dort war es feucht. Die schwarze Erde des Pfades war, wo er unter den Bäumen verlief, gefleckt von Lichtern und Schatten. Das Sonnenrund war groß und lief gleichsam über von reichem, gelbem, schmelzendem Licht, das in schweren Tropfen zu Boden fiel. Geräusch war wenig; denn die Wagen verursachten auf der weichen Straße kein Rumpeln, und die Stimmen der Kinder trugen nicht weit.

Auch einer Scene meiner Enttäuschung erinnere ich mich. Pappie hatte Onkel Willie eingeladen. Ich sah ›einem Abend‹ entgegen. Tante Josephine erschien. Onkel Willie wolle, wenn irgend möglich, nachkommen, sagte sie. Ich überredete Pappie dazu, mit mir zusammen runter nach Fairview zu kommen und Onkel Willie abzuholen. (Dies, obschon ich Onkel Willie nicht leiden mag; aber bloß damit Pappie Jemanden hätte, mit dem er sich unterhalten könne.) In Maria Terrace dann kam Alice an die Tür, und teilte uns mit, daß Onkel Willie ausgegangen wäre. Das hatte Pappie nun zwar schon den ganzen Hinweg über prophezeit gehabt; stellte sich jedoch, wie wenn er's glaube, und bat lediglich, auszurichten, warum er vorgesprochen habe. Die Wahrheit war die: Onkel Willie hatte irgendwelche Schreibarbeit bei sich zuhaus zu erledigen; außerdem aber ist er, wie ich glaube, neidisch auf unsere Familie im Ganzen; und hat speziell Pappie, seit dem ersten Augenblick ihrer Bekanntschaft, insgeheim verabscheut, des bin ich gewiß. Er hatte irgendeine Läpperei, die ich vergessen habe, übel genommen; und ich bin überzeugt, er verhält sich so ziemlich auf dieselbe Art, wie ich es ihm

Joyce die früheren oder späteren Romane der Verfasserin verfolgt hat, weiß ich nicht; (theoretisch könnten sie sich sogar persönlich gekannt haben).

gegenüber tue. Nicht ganz so geschickt, möchte ich sagen; denn mir glauben die Leute. Auch lasse ich ihm bei mir selbst mehr Gerechtigkeit widerfahren. Immerhin war der Vorfall eine von jenen Kleinigkeiten, die Einen wurmen. Wir gingen über die North Circular Road wieder nach Hause. Es war ein regnerischer Sonntagabend gegen Oktober. In Mountjoy war das Pflaster naß und schimmernd, so daß die Straßenlaternen sich darin widerspiegelten; und am Himmel hing, aus einer Wand von schwarzen Sturmwolken, 1 einziger angeschmutzter weißer Lappen aus perlmutternem Satin. Als wir wieder zuhause eintrafen, saß man beim Tee. Pappie begab sich ins Wohnzimmer, ans Feuer. Ich ging zum Teetisch, und richtete ihnen aus, daß Onkel Willie fort gewesen sei, als wir vorsprachen. ›Ach, wie schade‹ hieß es; und nachdem das 2 oder 3 Mal gesagt worden war, trat momentanes Schweigen ein. Dann machte Tante Josephine die naheliegende Bemerkung: »Das kann ich aber gar nicht glauben.« »Ich auch nicht« sagte ich schlicht; aber das Gelächter, das ich hervorrief, zerstreute meine Enttäuschung mit nichten.

Ich entsinne mich noch so mancher anderen Szenen; aber die mit ihnen verlöteten Bilder & Emotionen sind zu gewichtlos, oder zu umständlich zu berichten – eine kalte Nacht; die Lampen der Omnibusse und die Straßenlaternen scheinen ungewöhnlich hell; oben, in leichtem Weihrauchdunst, die Sterne – oder eine klare kühle Nacht mit im Winde flackernden Sternen, sehr weiß spannt sich die Landstraße über den Hügel, und ebenso die niedrigen Mäuerchen zwischen den grünen Feldern – oder das gedämpfte Ensemble-Geräusch eines Dauerregens zum offenen Fenster herein, unterbrochen von dem Aufplatschen einzelner überschwerer Tropfen auf dem Sims außen.

Ich habe den ersten Teil meines Tagebuchs Tante Josephine geliehen. Charlie war gewohnt, sie mit seinen langweiligen Gedanken und seinen noch schlechteren Versen zu behelligen; Jim erzählt ihr platterdings alles & jedes; und jetzt komm' ich auch noch an – eine Art sich aufzuführen, die mir irgendwie äußerst bäurisch und eine rechte Zumutung erscheint. Ich an ihrer Stelle wäre unsrer aller Drei herzlich überdrüssig – nein; Jim's vielleicht nicht. Ein so griesgrämiges, mißvergnügtes Produktlein, wie mein Tagebuch ist, sollte man Niemandem zur Lektüre offerieren. (Selbstredend wurde ich gebeten – sogar mit Nachdruck ersucht – es doch ja zu geben.)

Ich habe Jim gegenüber in letzter Zeit ein ganz seltsames Gefühl; ein Gefühl, das ich noch vor 1 Jahr zu empfinden nicht imstande gewesen wäre: ein Gefühl des Mitleids.

Ich finde ›leiden können‹ beinahe eben so schwierig zu verstehen, wie ›lieben‹ – bedeutet es, daß man bei dem Betreffenden nichts übermäßig anstößiges an seinem Charakter findet, sowie einiges, das Einem zusagt? Ich verstehe – ob mir etwas zusagt oder mißfällt; ob ich mich hartnäckig versteife oder den Fuchsschwänzer mache – meine eigenen Impulse nicht; aber ich gebe mir Mühe, sie zu durchschauen, und versuche, sie verstandesmäßig zu läutern ....

26. Juli 1904

Ich bin heute Abend glücklich gewesen – das ruhige Glück des Beobachters – glücklich, ohne meinem Gemüt Gewalt antun zu brauchen, um diesen Glückszustand zu erreichen. Wir hatten sehr wenig zu essen gehabt – imgrunde überhaupt keine Mahlzeit – und nachdem ich etwas Tee und trocken Brot zu mir genommen hatte, wusch ich mich und ging aus. Gerade als ich die Treppe runter kam, erschien Pappie; nüchtern, ohne Geld und in übler Laune. Ich hörte, wie er drohte, mich an die Luft zu setzen. Zuerst wollte ich mich der Gereiztheit überlassen, wie es uns natürlich ist; denn er hat binnen der letzten 10 Tage zweieinhalb £ nur für sich allein ausgegeben. Ich fing an, auf ihn zu fluchen; fand es jedoch, schon nach ein paar Sekunden, leicht, statt dessen lieber zu pfeifen. Warum sollte ich mir ausgerechnet darüber Sorgen machen? Wenn Geld da ist, gibt er aus, soviel er kann, und kommt abends betrunken nach Hause geschwankt; und wenn keins da ist, gibt er Allen die Schuld, nur sich selber nicht. Ich ging also aus.

Rund eine Stunde zuvor hatte es schwer geregnet, und die Luft war scharf. Der Bürgersteig und die Fronten der Häuser waren vom Regen gewaschen, und begannen stellenweise zu trocknen. Ich fand Vergnügen daran, die Farbkontraste zu beobachten – eine Studie in Grau. Das Dunkelgrau der Kirche; das Grau des Trottoirs; der Terracotta-Ton der Häuser; das erfrischte Grün des geschorenen Rasens in den Vorgärten, und das der Blätter an den Bäumen, die sie eingrenzten – in der Mitte eines jeden Blattes ruhte ein Tropfen in grüner Fassung – das Grau, dunkel und lichter, in der Kleidung der Frauen, die unter diesen Bäumen dahin gingen. Die Straße wirkte unaufgeregt, obschon belebt von Trambahnen und zahlreichen, rasch ausschreitenden Leuten. Ich fand Vergnügen an der Ähnlichkeit der Farbtöne in den Straßen, durch die ich ging, indem ich bewußt die leichten Varianten vermerkte. Der nunmehr fasttrockene Stein von Fahrdamm und Bürgersteig; die dunkelbraunen Häuser, eine einheitlich-aufregende Farbwand – die hellgelbe Fassade eines Milchgeschäfts – der Drogist an der Ecke der Kreuzung vorn, mit dunklem Efeu, der oberhalb des Schaufensters am Hause emporklomm, vorstadtmäßig aber hübsch; dazu mir im Rücken die in Abend & Dunst einsinkende Sonne und ihr Widerschein auf den Gesichtern der Entgegenkommenden. Mein Gemüt war für ein Weilchen gestillt, meine moralische Malaise von mir abgefallen. Ich verspürte kein Verlangen nach den Dingen, die mich sonst ärgern und aufbringen; nichts war mir zum Vorwurf; und meine Zwangsvorstellung, mich mit Andern zu vergleichen, suchte mich nicht heim. Ich war zufrieden damit, zu bleiben, wie ich war, wachsam & ruhevoll; aber doch auch nicht gänzlich zufrieden und nicht gänzlich ruhevoll; denn etwas, was ich am meisten ersehnte, war nicht anwesend, oh der intimen Ambition!

Zu der Zeit dann, als ich O'Connell Bridge erreichte, begann die Abenddämmerung hereinzubrechen. Weit unten, die Uferkais hinunter, fing ein mächtiges Blau sich über die malerische, alt-grüne Kuppel von Custom House zu senken an, und sie undeutlich zu machen. Die Uferstraßen wimmelten von Fahrzeugen, und mitten aus dem Verkehr heraus kam ein Leierkasten-Wägelchen auf mich zu, zwischen der Deichsel der Mann. Am Gurt zog mit einer Hand ein junges italienisches Weib, ein rotes Tuch um den Kopf, an den Schläfen wehte ihr das Haar nach hinten, ihr breites leidenschaftliches Gesicht war aufwärts gerichtet vor der Anstrengung des Ziehens – müde, gedankenlos und glücklich. Oben über Grafton Street zeigte der Himmel ein schwaches Blau zusammen mit einem Widerschein des Inkarnats über den Bäumen von Stephens Green, darin ein heller Sichelmond stand; und ich stellte mir das Green als einen unermeßlichen Park vor, voll von Schatten und verfallenden Statuen, weite Wiesen aus Mondlicht erstreckten sich zu einem gekräuselten, blaugrauen Meer hinunter, begrenzt von roten Sandsteinfelsen – ein Garten, hin zum wachsenden Mond.[1]

Nachdem ich das vorstehende leichthin und rasch nieder-

1 AdÜ: Die Stelle erlaubt den exakten Nachweis, daß Prof. Healey's Vermutung, ›bei den Daten handle es sich wohl um den Tag des betreffenden Ereignisses‹, zumindest für diesen einen Fall nicht haltbar ist. In der Nacht vom 26. zum 27. 7. 1904 trat nämlich Vollmond ein; während der hier zweimal erwähnte Mond nach Gestalt, Azimut & Höhe am besten auf den 17. 7. passen würde. – Mir machen die konfusen Daten mehr den Eindruck des ›Abzeichnens‹ nach endgültig letzter Lektüre.

geschrieben hatte, stellte sich bei mir ein Impuls des Widerwillens davor ein.

Ich habe mir schon öfters gewünscht zu erkennen, wieso es kommt, daß, obgleich Pappie uns unzureichend unterstützt; praktisch nichts über uns weiß; uns ein schlechtes Beispiel gibt; diejenigen, die sich's gefallen lassen, mit denkbar höchster Brutalität behandelt; und uns ständig ein erbärmliches Ideal als Muster hinstellt (›Respektabilität‹ als Ideal ist selbstisch, ist versnobt) – wieso dennoch in seiner geistigen Einstellung zu uns etwas ist, das ich in anderen Haushalten vermisse. Ich glaube, es ist das, daß er wünscht und zuversichtlich erwartet, wie seine Söhne verschieden sein werden von den Söhnen andrer Leute; ja sogar – und das läßt ein noch höheres geistiges Niveau durchblicken – erfolgreicher & ausgezeichneter als er selbst, seiner Meinung von sich nach, gewesen ist. Das ist ihm, wie ich meine, auch geglückt; allerdings auf eine Art, die er nicht begreift.[1] Wohlgemerkt: Pappie mißfällt mir über alle Maßen; er ist mir schlechthin unerträglich. Ich bin fest entschlossen, mich über diesen speziellen Punkt auf keinen Fall zu täuschen; und dieser Entschluß mag vielleicht den Beginn eines eigenen spirituellen Lebens bei mir bezeichnen. Die bloße Idee scheint mich zu befriedigen.

Die Frage, was ich mit mir selbst anzufangen habe, wird

1 N: Überdem hat er uns immer in einer gewissen Weise wie Gleichberechtigte behandelt, mit einem Schuß Autorität ab & zu; und es eben doch nicht für angezeigt gehalten, sich im Umgang mit uns nun auch der allerletzten, gewöhnlichsten Höflichkeit zu entschlagen. Er hat unsere Privatangelegenheiten stillschweigend respektiert; und uns nicht mit jener verächtlichen Gedankenlosigkeit traktiert, die man Tieren gegenüber anwendet, und durch die manche Väter, auch ohne Worte, ihre absolute Überlegenheit zu demonstrieren versuchen. Er hat sich nicht fähig gezeigt, den geistlosen Tyrannenbullen zu machen; und wir haben wenigstens keinen Grund, ihn ob dessen, was er nun einmal ist, nicht zu respektieren – unser Vater.

immer dringender in mir. Ich kann nicht glauben, daß es mein Kismet sein solle, all mein Leben lang ein kleiner Angestellter zu bleiben; obwohl ich mich gefaßt gemacht habe, eine zeitlang Angestelltenarbeit zu verrichten, als Mittel zu meinen höheren Ambitionen. Die Menschen wandern im Dunkeln, und ihr Schicksal wandert im Dunkeln auf sie zu, und ich bin bereit, zu harren, bis meine Ambition auf mich zu kommt. Ich fühle ein wachsendes Vertrauen – möglicherweise ein törichtes Vertrauen – daß meine Laufbahn doch noch verschieden sein werde, von dem Kompromiß, den ich als mein Leben zu akzeptieren mich im Innern schon fast gewöhnt hatte. Vielleicht, daß ich mein Schicksal, wenn es erscheint, mehr mir selbst ähnlich finde, als ich mir jetzt vorstelle oder wünsche.

31. Juli 1904

Ich bin heute ein gut Stück gelaufen (rund 35 Kilometer im ganzen); bin aber deswegen nicht schläfrig, nur angenehm ermüdet, und mir eines erhöhten Wärmegefühls in Beinen und Füßen bewußt. Ich habe mich um Mitternacht von Jim in Sandymount verabschiedet, und auf den Heimweg gemacht. Ich achtete auf dieselben Straßenbiegungen, die ich gekommen war, um mich nicht zu verlaufen, (denn ich kenne die dortige Gegend kaum), bis ich zum Bahnhof Landsdowne Road kam. Die verschieden hohen Lampen & Laternen an den Schranken und auf den Signalmasten der hübschen kleinen Station, schienen hell durch die Bäume. Alles war leer. Ich ging weiter, Landsdowne Road entlang, an den dortigen großen, frei und etwas von der Straße zurückstehenden Häusern, mit ihren hohen Steinstufen vorbei. Die Leute, die darin wohnen, müssen recht wohlhabend sein, nehm' ich an. Die Nacht gefiel mir; sie war klar und trocken. Mein vertrauter Umgang mit Jim bringt mich in Situationen, die mir zusagen. Auf dem Weg durch die Innenstadt schrieb ich in seinem Auftrag auf dem Hauptpostamt noch einen Brief an Pohlman. Die nächtliche City gefällt mir: die breite verödete O'Connell Street (habe ich doch O'Connell-Blut in mir, und ein O'Connell-Gesicht. Obgleich ich das lieber nicht hätte; Joyce-Blut ist besser) von vielen milchig-hohen Lampenmonden aus Walzglas erhellt; nur selten ein Mensch, oder eine Katze huscht schweigend & flink, und ein Pferd wandelt dahin, alles ohne einen Laut; nur aus der Kutscherstube schallt gelegentlich lautes Gelächter. Dublin ist eine kleine alte Haupt- und Hafenstadt mit einer Tradition. Doch; *Jonathan Swift* heißt diese Tradition. Ich gehe jung durch die späten Straßen, und vernehme dabei ein Chopin'sches Nocturno. Wer, wenn nicht Chopin, hatte wohl die Gabe, Nocturnos zu schreiben? Er lebte grundsätzlich nachts. Er ist von irgendeinem lärmenden brillianten Gelage nach Paris zurückgekehrt, steht zu dieser Stunde in seiner Mansarde und schaut aus dem offenen Dachfenster. Die mächtigen Pulse des Lebens draußen sind eingelullt, Finsternis brütet wie schweres Gewölk ihm zu Häupten, und unter ihm spreizen sich Satteldächer, noch schimmernd von jüngst gefallenem Regen. Eine Melodie ist erwacht, und bewegt sich, gedämpfter Müdigkeit voll, durch die schwarzen Harmonien der Nacht, leicht, schier nicht zu vernehmen, in immer höherem Ton, bis das Licht wieder zu erscheinen beginnt. In meinem Geist war eine Erinnerung damit gekoppelt: Tante Josephine hatte mir das Stück einmal, in ihrem Haus auf dem North Strand, vorgespielt, als ich mich, schon weit hinter Mitternacht, zum Verabschieden anschickte, um mich heim, nach Cabra, zu begeben. Weder verhohlene Schlaftrunkenheit, noch der Übergang aus der Wärme in die kalte Nachtluft, vermochten mein Gefühl der Dankbarkeit abzuschwächen; denn ich war höchlich zufrieden mit dem wohlangewandten Abend, und ich bewunderte

Katsy. Sie däuchte mir eine stolze und üppige Natur – ›Der Hochmut des Fleisches‹. Ich fühlte mich durch meine eigene Bewunderung für sie geehrt, die mich überkommen hatte, wie wenn ein komplizierter und wichtiger Einfluß, unerwartet aber höchst real, plötzlich in mein Leben getreten wäre; aber ich fürchtete auch und zweifelte. Mehr als das: sie war schlicht ein Glück, das von mir Besitz ergriffen hatte – bonum simpliciter. Niemals noch hatte ich an der Unterhaltung mit Denen, die ich am liebsten leiden mochte, auch nur halb soviel Vergnügen empfunden, wie 1 Wort oder Blick von Katsy, oder auch ihre bloße Nähe bei mir bewirkten. ›Diejenigen, die ich am liebsten leiden mochte‹?: ich schien mir keinen meiner Bekannten mehr leiden zu können, nur noch sie; während mir meine schwankende Bewunderung und zweifelsvollen Gedanken andrerseits doch wieder nur gezwungene und verkrümmte Worte und Blicke für sie erlaubten. Und auch eine tiefe Niedergeschlagenheit befiel mich; insofern ich wußte, daß, falls sie das war, was zu sein sie mir schien, sie mich nicht würde leiden mögen – ja sogar Abneigung gegen mich empfinden, wenn sie erwachsen und eine Frau sein würde – müßte sie dann doch nur allzurasch meiner Unredlichkeit gewahr werden, der Unlauterkeit, der spirituellen Feigheit, des sprirituellen Neides, des berechnenden unzufriedenen Egoismus, der mir in der Verdrossenheit meiner Weltanschauung auf Schritt & Tritt nachgeht, die verbrecherische Faulheit, die stupiden Anstrengungen, die Unsittlichkeit meines Charakters, der Mangel an auszeichnenden Talenten, die Vorspiegelung von Würde und Gemütstiefe und Leidenschaft, enfin: meine ganze allumfassende Häßlichkeit, deren ich mir nur zu bewußt bin, und die es bei mir zu einem chronischen Vorgefühl gemacht hat, daß ich niemals werde lieben können; beziehungsweise, daß, falls ich es infolge irgendeines Wunders doch je fertig bringen sollte, Diejenige, die ich liebe, niemals mich lieben könne. Ich habe mir inbrünstig Bescheidenheit gewünscht – jenen Vollkommenen Ablaß, was auch Andere für hohe Meinungen hegen – daß sie mich vereinfachen und läutern möge; aber ich hatte auch wieder Angst davor, weil ich vor Katsy Angst hatte. Wußte ich doch andrerseits, daß, falls sie *nicht* das wäre, für was ich sie hielt – ich erkannte, mit entmutigendster Enttäuschung ob meiner selbst, daß mein Einfluß auf sie schlecht sei; und wie sich das durch Jim bereits reduzierte Element der Gewöhnlichkeit in ihrem Wesen, durch mich wieder entfalte – ich sie nicht bewundern könnte; was zu glauben ich wiederum auch nicht gern willens war, weil dies zuzugeben, gleichbedeutend gewesen wäre, mit dem Eingeständnis, ich hätte mich selbst mit einer leeren Hoffnung getäuscht. Rassure-toi, l'amour viendra; désole-toi, il n'est pas l'ideal de bonheur que tu penses. Wahrlich, Liebe fällt einem modernen Menschen nicht leicht. [1]

Das vorstehende liest sich, wie wenn George Moore es für *Dana* verfaßt hätte; nur daß wenigstens 1 witzige Bemerkung darin enthalten ist.

Jim hat ein Nocturno in Prosa geschrieben, welches beginnt: »Nachts kommt sie, wenn die City still ist«; [2] und eine Matutine in Versen, die beginnt: »Heb' Dich aus Traumtau, Seele mein«. [3]

Jim's Stil fängt an, ein bißchen sentenziös und gedrängt zu werden. Er koppelt ständig Worte von zu großem Gewicht aneinander, was den Rhythmus dann schwerfällig macht. Ich habe ihm angeraten, Goldsmith oder Henry James zu lesen, um sich Leichtigkeit und Klarheit zu eigen zu machen; aber er tut ja zur Zeit überhaupt nichts. Seine

1 N: Ich muß dabei an das »Ach, der Tage meiner Jugend, wo ich so unglücklich war!« denken.

2 H: Veröffentlicht in seinen *Epiphanien;* (herausgegeben von O. A. Silverman, Univ. v. Buffalo; New York, 1956). – AdÜ: übersetzt in MBH, S. 300 f.

3 H: Aufgenommen in *Kammermusik*.

Lyrismen werden mehr & mehr monoton und formelhaft. Das letzte Stück[1] enthielt 1 Widerspruch (= »Für Phrasen, klassisch-elegant, / ward, Schatz(=Dearest), zu weise mir der Mund« – dabei ist das Lied sowohl klassisch als auch elegant); 1 Fehler (›Mithr*a*dates‹ anstatt ›Mithr*i*dates‹); und 2 Zeilen der zweiten Strophe fangen mit den Worten ›Dearer‹ und ›Dearest‹ an, jedesmal noch mit derselben Akzentverlegung gebraucht.[2] Außerdem erscheint am Ende der zweiten & letzten Strophe eine rekapitulierende Wendung; was, da hier die Entschuldigung der Länge also nicht gilt, eine gewisse klischierte Starre ergibt.

Da Jim neuerdings beträchtlich schwach geworden ist, dachte ich, ich möchte vielleicht zu ihm aufschließen können. Ich traf ihn neulich, nachdem wir uns ein paar Tage nicht gesehen hatten, und war froh, daß meine geheimen Gedanken verborgen sind; denn es schien mir, wie wenn der Unterschied zwischen uns weniger ein Unterschied dem Range, als vielmehr dem Wesen nach sei.

Mein geheimer Gedanke ist der eine, den ich nicht hinschreiben mag; und meine Laune zur Zeit diejenige, die ich nicht hinschreiben kann.

Ich habe Unrecht, wenn ich sage, daß ich Pappie verabscheue. Ich empfinde überhaupt keinerlei Neigung ihm gegenüber. Die Aggressivität und Ungerechtigkeit seines Wesens benimmt mir den Appetit; seine launische Händelsüchtigkeit bringt mich auf; und da es sich bei all diesen so ziemlich um einen Dauerzustand handelt, habe ich mich dazu verleiten lassen, jenen Fehler zu begehen. Ebenso Unrecht hatte ich, wenn ich sagte, daß ich Jim nicht möchte;[3]

1 H: »Wär' ich Dein Mithridates auch«; aufgenommen in *Kammermusik.*

2 AdÜ: Stanislaus' Einwände sind zumindest zum Teil berücksichtigt worden; denn in den gängigen Ausgaben steht ›Mithr*i*dates‹, und ›Dearer‹ ist entfallen.

3 H: vgl. S. 81 u. 173 f.

denn ich habe zwar für ihn nichts übrig, sehe jedoch ein, daß sein Leben interessant ist.

Meine Meinung von mir selbst ist, wie ich sie hier schreibe; und ist wahrscheinlich deswegen so niedrig, weil ich einen sehr hohen Maßstab anlege, und mich nach keinem anderen zu beurteilen vermag. Vielleicht deutet dieser hohe Maßstab ja auf eine hohe Seele; obschon ich mehr zu dem Glauben neige, daß ich ihn mir eher aus Jim's Wesen abstrahiert habe. Nichtsdestoweniger ist er der einzige Maßstab, nach dem ich mich beurteilen kann, und ein wesentlicher Bestandteil meines Charakters.

Jim hat so häufig und ganz offen Verächtliches über mich geäußert – ohne jede Absicht, mich etwa vorsätzlich zu beleidigen – daß es nunmehr außerhalb seiner Macht liegt, mich zu verletzen. Er und Cosgrave haben sich in letzter Zeit mehrfach schmeichelhaft über mich ausgesprochen; aber nunmehr, da er lobt, liegt es ebenso außerhalb seiner Macht, mir Freude zu machen. Was Andere über mich denken, bewahrt mein Gedächtnis sehr beharrlich und sehr genau.

Katsy hatte es in ihrer Macht, mir mehr Freude zu machen, als sonst Jemand, den ich kenne; und deshalb wohl auch, mich mehr zu kränken. Ich habe Katsy gesagt, daß ich sie nicht liebte. Nicht mit genau diesen Worten; was ja, da sie noch ein halbes Kind ist, lächerlich gewesen wäre, und völlig fehl am Platz. Ich habe mich so ausgedrückt: daß ich sie wohl gern hätte, jedoch nicht in irgendwie großem, ungewöhnlichem Ausmaß; und habe hinzugefügt, ich wünschte, sie wäre 17, nicht 14. (Mit 17 müßte Katsy, vorausgesetzt sie entwickelte sich im jetzigen Tempo weiter, eine fertige Frau sein.)

Worin besteht die höhere Moralität? Ist sie die Fähigkeit, die klugen Unwahrheiten, die uns über uns selbst einfallen, nicht zu glauben?

Nie noch sah ich Jim ein Verhältnis so kümmerlich managen, wie zur Zeit sein Verhältnis mit Miss Barnacle.

Jim sagte einmal, er sei wie die Bourbons, ›er vergäße nie‹. Meines Erachtens wäre es beträchtlich korrekter gewesen, wenn er (und Jene dito) gesagt hätten: sie vergäßen niemals Beleidigungen.

Ich habe beschlossen, mich auf keinen Fall mehr Jim's rüden Roheiten auszusetzen. (Den Buchstaben dieser Entschließung mag ich wohl noch übertreten; werde jedoch bei ihrem Geist strikt beharren.)

Ich bin äußerst labil, und werde von einem Dutzend widerstreitender Impulse hin & her gerissen. Ich kann nichts von Wichtigkeit unternehmen, das mir nachträglich gefiele.

Ich habe zuzeiten ein Gefühl des Stolzes darob, wenn ich manche Menschen so sehe, wie sie wirklich sind. Das bedeutet zwar häufig, sie als weniger zu erkennen als ich von ihnen dachte; aber die Einsicht als solche macht mich dennoch stolz. Ja, es kommt den Betreffenden irgendwie bei mir zugut, daß sie sich von mir so durchschauen ließen.

Mein Geist kann so alt doch wohl noch nicht sein, da ich imstande bin, von neuen Ideen mächtig gepackt zu werden. Auch habe ich zuweilen, ohne äußeren Anlaß, das Gefühl einer großen Heiterkeit; weise sie jedoch sogleich wieder von mir, gerade so, wie Luther seine falsche Vision am Karfreitag. Zuweilen, während der Augenblicke dieser Heiterkeit, vernehme ich Musik in meinem Schädel, die ich mich nicht entsinnen kann, vordem gehört zu haben, und die mich nicht wenig erregt. Ich habe darob schon manchmal mit dem Gedanken gespielt: ob, wenn ich Musik studiert hätte und also diese Klänge zu fixieren vermöchte, vielleicht ein Komponist aus mir werden könnte? (Steht zu bezweifeln.)

Essen ist gut, und Wärme ist gut. Und unser Haus ein gutes, um darin beides so recht schätzen zu lernen. Wir behelfen uns Wochen hindurch mit 1 gelegentlichen, unzureichenden Mahlzeit, oder 1 leichten Imbiß an den Tagen, wo man mich meiner gesamten Garderobe beraubt; selbst meiner hohen Schuhe bin ich mit meinem Willen beraubt worden, um sie zu verpfänden, und davon zu leben. Was für eine Sorte Erwachsene werden wir bloß einmal abgeben?![1] Ich werde allmählich total pathologisch in diesem Punkt, und betrachte Essen als komprimierte Energie. Auf welche Art würden wir wohl einer Krankheit standhalten?

Ich habe jetzt ein sicheres Anzeichen, daß ich keine Freundschaft für Cosgrave empfinde. Ein- oder zweimal dachte ich, ich hätte ihn beleidigt. Und da ergab sich, daß mir der Gedanke, mich einer Roheit schuldig gemacht zu haben, zwar um meiner selbst willen unangenehm war; ich aber dennoch, ob ich schon meinte, daß unsere Vertrautheit nunmehr ein Ende habe, deswegen keine Beunruhigung empfand; vielmehr ein leichtes Freiheitsgefühl bei der Vorstellung, wie jetzt ein Anderer, ein Bekannter, klar einsehen müsse, daß er im Umgang mit mir keinerlei Unterhaltung zu erwarten habe, die sich von seinen Unterhaltungen mit Anderen irgendwie unterscheide – und daß ich diese Einsicht bei ihm nicht wohlüberlegt herbeigeführt hätte, sondern sogar durch eine rasche Unart. Mir gefällt der jugendlich leichtfertige Ton nicht, den mein Wesen im Verkehr mit ihm unwillkürlich annimmt. Ich komme mir dann immer vor, wie ein leichtes, lenksames Schifflein, das um eine Viermastbark herum schaukelt. Dieses Wesen ist falsch; denn ich bin mir bewußt, daß mein Geist alt ist; und da dem anscheinend nicht abzuhelfen steht, bleibt vermutlich nur ein Heilmittel, mein eines wortkarges Heilmittel: mich zurückzuziehen.

Es gibt einen gewissen Mr. James Brady – ein kleiner Anwalt beim Polizeigericht; ein Schwager von Mr. Bergan – der mir ganz ungemein mißfällt. Er scheint mir eine, in solcher Vollkommenheit rare, Verkörperung des durch-

1 AdÜ: Gemeint ist ›gesundheitlich‹; vgl. hierzu S. 194.

schnittlichen, pfiffigen irischen Narren. Er ist ein Freund von Pappie.

Auch ist da noch ein anderer, ein Mr. John Clancy[1], seines Zeichens Unter-Sheriff, der mir ebenfalls über die Maßen mißfällt. Er wird allgemein mit einem Anflug von Ehrerbietigkeit betrachtet; hauptsächlich, wie ich mir einbilde, weil er so endlos lang ist. Seine Kreaturen – und praktisch alle Leute, die er kennt, sind seine Kreaturen, je nach dem Grade ihrer Intimität mit ihm – sind einmütig der Ansicht, daß, wäre er in seiner Jugend nur nach Amerika gegangen, er jetzt dort Präsident sein würde. Meines geringen Erachtens würde er dort Schutzmann geworden sein. Hat er doch ganz das Äußere, den Gang, das Boss-Getue, und auch die Geisteshaltung eines Schutzmanns. Er ist ältlich und ein reifer Säufer. Wenn Pappie betrunken ist, rühmt er von sich: »Oh! John Clancy hat 'ne Schwäche für mich! Der tut ei'm ehrlichen Kerl gern 'ne Gefälligkeit!«; aber ich glaube, im innersten Herzen urteilt er über ihn ähnlich wie ich. (Ich hätte 1 Mal die Chance gehabt, den Betrüger zu entlarven; und es wurmt mich, wenn ich daran denke, noch heute bis ins Mark, daß ich sie nicht genützt habe.) Ich verkehre mit keinem der Herren.

Ganz ausgezeichnet gefällt mir Velasquez' Porträt des ›Äsop‹. Ich habe eine sehr lebhafte Vorstellung gerade von Äsop,[2] dem weisen alten freigelassenen Sklaven, dem *fier bourgeois*, und Velasquez' Porträt gibt sie vollendet wieder. Ich möchte meinen, Äsop sei weiser gewesen als Salomo; (aber Salomo war ein Dichter, was Äsop nicht war).

Pappies Geisteshaltung als ›ungerecht‹ zu bezeichnen, wäre ein ebenso glatter Euphemismus, wie wenn ich das wüste Geschimpfe eines betrunkenen Fischweibes als ›un-

1 H: ›Long John Clancy‹ erscheint in FW; und, als ›Long John Fanning‹, auch im OD. – AdÜ: besonders im ›Plankten‹-Kapitel.

2 AdÜ: vgl. hierzu FW; besonders die Fabeln im Äsopischen Stil, vom ›Grashopper & Ant‹ und ›Mookse & Gripes‹.

ladylike‹ bezeichnen würde. Ich mag ihn nicht, weil seine Geisteshaltung so diametral entgegengesetzt ist; und ich bin grundsätzlich zufriedener mit mir, wenn ich ihm eindeutig mit Abneigung begegnet bin.

Jim's Prosa-Stil ist häufig vollkommen in seiner Art, und in seinen undulatorischen, genau ausbalancierten Sätzen und Ab-Sätzen, voll größter spiritueller Delikatheit. Aber anstatt in aller Ruhe zu arbeiten, und sich auf seinen lebendigen wirklichkeitsnahen Dialog zu verlassen, läßt er, zwischen den erwähnten gelungenen Stellen, immer wieder gequälte Sätze voll symbolischer Psychologica erscheinen und schreibt verkrampft.

Ich kann nichts tun oder denken, mit dem ich 100-prozentig zufrieden wäre; mein Geist mattet sich inmitten von Falschheiten ab.

Ich hatte einmal Bilder von sowohl George Meredith als auch Walt Whitman im Hause, und entsinne mich, wie ich die Zwei miteinander verglich; weil ich von Beiden als von Naturdichtern hatte sprechen hören. Meredith hatte das Kinn gewissermaßen gebieterisch vorgeschoben; sein Gesicht trug den Ausdruck von Bildung, Witz, Eifer und durchdringendem Scharfsinn. Whitman machte mehr den Eindruck des Egoismus; eines, so seltsam es klingt, nachdenklichen Egoismus; einer Art Mystizismus am hellen Tage, der wie eine Voreingenommenheit gegen jedwede andere Betätigung wirkte. Er sah Einen mit den Augen eines Mannes an, der sich der Gegenwart des Anderen durchaus bewußt ist; dem dabei aber der Rhythmus eines Gedichtes im Kopf herum geht.

Die *Bourgeoisie* hat über gewisse Dinge eine endgültige feste Meinung, und überdem die Gewohnheit, anzunehmen, daß in Betreff ihrer alle Menschen genau so endgültig und auf genau dieselbe Weise denken. Diese Leute wissen zum Beispiel, daß Gott der Allmächtige dem Moses 10, sehr schwierig zu befolgende, Gebote mitgab; und daß Christus die Angelegenheit noch weiter übertrieb, bis daß – unter uns geklagt – außer ihm selbst Keiner mehr mitkommen konnte; aber, Alles in Allem genommen, haben beide Gentlemen durchaus ein offenes Ohr für ein vernünftiges Wort. Bezüglich anderer Fragen ist man überzeugt, daß jeder Bursche sich um einen Job kümmern müsse, und daß der Wert dieses Jobs dem Wert des betreffenden Burschen genau entspreche. Auch muß jeder Bursch selbstverständlich ein Mädel haben; und sobald er einigermaßen anständig verdient, hat er sein Mädel zu heiraten. Natürlich muß jeder Bursche sich ein bißchen in der Welt umtreiben und ein Stück vom Leben sehen; denn Diejenigen, die nie heiraten, oder gar ins Kloster gehen, oder ganz allgemein abseits von der großen Welt leben, sehen die Dinge ja nun wirklich nicht auf dieselbe verständige Weise, wie Du oder ich – na wir wollen nichts zu laut gegen sie sagen, sie haben kuriose Ideen in dieser Beziehung. Sie mögen ganz klug sein – obschon sie sich mit einer Masse Unfug befassen, mit der Wir uns den Kopf nie & nimmer volltrichtern würden – aber so richtiger Schwung ist in Denen nicht drin; es sind in letzter Instanz gar keine Männer. Dennoch sei dem wie ihm wolle: nur ganz ausgemachte Schurken, oder Liederliche, die mit ihrer Halbbildung protzen, oder Burschen, die mit Gewalt dartun wollen, daß sie von allen Andern verschieden wären, sagen laut etwas gegen die Religion. Wir lästern wohl auch manchmal, wenn uns was der Quere geht, wenn wir schlechte Laune haben oder überarbeitet sind; aber das ist dann doch weder böse noch im Ernst gemeint. Manchmal steigt's einem Burschen natürlich zu Kopfe, wenn er zuviel gelesen hat; aber das ist ja wohl doch allgemein bekannt, daß alle wirklich großen Geister der ganzen Welt – –. Und übrigens, mit unserm Erlöser verglichen, sind alle ihre kleinen Geister ja doch nur wie Nachtlichtchen bei Sonnenschein. – Wenn diese ›Philosophie des Mannes auf der Straße‹ hergesagt wird, ist es schwierig zu wissen, was man tun soll: ernsthaft mit

Gegnern solcher Sorte zu disputieren, wäre reine Verschwendung von Luft & Zeit; und ist man still, scheint man ihnen womöglich zuzustimmen. Eines Tages[1] war in der Zentralprüfstelle für Apotheker [2] eine Diskussion über die Catholic Association im Gange, und aus den einzelnen Wendungen entnahm ich, daß dies die Ideen waren, die latent in den Gemütern schlummerten. Religiöse Debatten waren häufig, denn die Prüfstelle war eine protestantische Institution, und sie pflegten mir grundsätzlich auf die Nerven zu fallen. Einer der Kerls – ein Reisender, und Katholik obendrein – sagte gerade, wie Keiner derjenigen, die etwas bei ihm bestellten, sich je darum scheerte, was für eine Religion er hätte. Sämtliche Zuhörer bestätigten einmütig: »Natürlich nicht.« »Denken Sie etwa, um 1 Beispiel zu bringen«, sagte er, »wenn ich zu Dr. Stock reinginge, um einen Auftrag von ihm zu kriegen, er würde sich drum kümmern, von welcher Religion ich wäre? Denken Sie, er würde wissen, zu welcher Religion ich mich bekenne?«. Alle erwiderten einmütig: »Kein Gedanke.« Ich hatte mich an der Diskussion nicht beteiligt; drehte mich jetzt aber ruhig zu White – eben dem Reisenden – um, und erkundigte mich ganz unbefangen: »Wissen Sie's denn?«. Man hielt das allgemein für sehr witzig, und White selbst schien es als Schmeichelei aufzufassen – in dem Gelächter, das entstand, fand die Diskussion ihren Abschluß.

Eine andere dieser latenten Ideen ist die, daß ein Bursche ein bißchen huren darf und ein bißchen locker leben – zumal in seiner Jugend – das hat weiter nichts zu sagen; aber er sollte dergleichen stets heimlich tun; und ob er in wilder Stimmung auch Witze drüber machen mag, hinterher muß er zugeben, daß es nicht recht von ihm war; und später, wenn er dann älter und verheiratet ist, sollte er es aufgeben, und strikte verbieten; das vor allem seinen Söhnen und

1 N: 8. Januar 1904.
2 AdÜ: vgl. MBH, S. 314.

Töchtern nachdrücklichst einschärfen, und sich immer vor Augen halten, wie es seine Pflicht & Schuldigkeit ist, kein schlechtes Beispiel zu geben, vor allem nicht in Worten. Die Leichtigkeit, mit der der normale wilde junge Bursche seine Geisteseinstellung einer so widersprüchlichen und komplexen Praktik anpaßt, übersteigt einfach meine Fassungskraft. Ich kann eine so handgreifliche Inkonsequenz, eine solche Ungerechtigkeit einer jüngeren Generation gegenüber, nicht begreifen. Als Mutter gestorben war, sprachen tags darauf eine Menge Leute bei uns vor, um Pappie ihr Beileid auszudrücken. Erst sahen sie sich Mutter in ihrem Sarge an; anschließend kamen sie herunter ins Wohnzimmer, saßen dann dort, und redeten halblaut und tranken. Unter anderem war auch Mr. Kane da, weiland Bürovorsteher beim Kronsyndikus, der seine Frau seinerzeit heiraten mußte; Mr. Devin, der immer noch ein notorischer Hurenbock ist; und endlich Onkel John, der einst Atheist war & Hurenbock, dessen ältestes Kind ein Bankert ist, der die vulgäre kleine Person, die seine Frau heißt, dito hat heiraten müssen; nunmehr jedoch, von gelegentlichen ›Durchreißern‹ abgesehen, zu GOtt zurückgefunden hat. Er führte das Wort; während ich halb auf dem Tafelklavier saß, halb an ihm lehnte. Das Gespräch ging von einem Thema zum anderen, und landete zuguterletzt bei einigen Leserbriefen gegen irgendein Theaterstück im ›Royal‹, die die Zeitungen gebracht hatten. Onkel John fragte mich, ob ich jemals etwas von Zola gelesen hätte, und was ich von ihm hielte? Da Onkel John mich noch mehr langweilte, als selbst Emile Zola, antwortete ich vermittelst einiger unverbindlicher Einsilbigkeiten. Dann begann Mr. Kane auseinanderzusetzen – und erheblichem Gestikulieren; ihm war ob meiner Anwesenheit nicht ganz wohl, glaube ich – wie er einst hätte einige von Zola's Romanen lesen müssen – selbstredend lediglich von Amtswegen – und wie sie schrecklich wären, ganz-ganz-schrecklich! Wie man solches Zeug nur drucken könnte! Worauf Onkel John zu erzählen begann à la ›als er ein junger Bursche war, mit nur ganz wenig Geld, und sein Lesehunger ihn zum Allesfresser machte‹ (hier lachte Onkel John astmatisch) ›wie er da häufig zu einem Antiquar in High-Street zu gehen pflegte. Eines Tages nun, hätte er sich auch wieder da hinbegeben, um sich die *Colleen Bawn*[1] zu beschaffen‹ (Onkel John, dessen Akzent überhaupt schlecht ist, sprach dieses ›Bawn‹ besonders platt aus; sein Geschmack muß tatsächlich ziemlich allesfresserisch gewesen sein) ›und als er in den Laden getreten sei, hätte ihn der Bube doch mit ins Hinterzimmer genommen, und ihm dort ein paar Bücher gezeigt – – also jungen Leuten dergleichen Ideen in den Kopf zu setzen – –!‹. Allgemeine Stille, um die Ungeheuerlichkeit der betreffenden Bücher anzudeuten. Ich war drauf & dran zu fragen: »Hast Du Sie dir gekauft, Onkel?«; dachte dann aber doch wieder, es würde unter sothanen Umständen allzu frivol sein.[2] (Ich bin ein ganz verfluchter Trottel; ich laß' die Gelegenheiten, denen, die ich nicht leiden mag, so einen richtigen Rippentriller zu verpassen, stets vorbeigehen.)

Was ich wünsche, ist das reine, getreuliche Schöne der Gewißheit ......

Jim sagte eines Tages zu Cosgrave & mir: »Ist mein Gemüt imgrunde nicht äußerst optimistisch? Kehrt es nicht, allem Ärger und aller Unruhe die mir bereitet wird zum Trotz, periodisch zum Optimismus zurück?«. Ich erwiderte: »Ja; zu einem Optimismus ›proprium‹.«[3]

Cosgrave hat mir gesagt, meine Stimme wäre mehr Geld

1 H: Ein Schauspiel von Dion Boucicault. – AdÜ: = *The Fair Girl*, nach dem Roman *The Collegians* von G. Griffith; vgl. auch Benedict's Oper *Die Rose von Erin*. B.s Schauspiele erscheinen unverhältnismäßig oft in FW.

2 H: Dieser Vorfall erscheint in STH, Kap. 22. – AdÜ: wo James ihn als tatsächlich stattgefunden schildert.

3 AdÜ: Begriff aus der katholischen Liturgie.

wert, als Jim's; weil sie kräftiger wäre, und ich mir – falls ich sie ausbilden lassen sollte – wesentlich mehr Mühe beim Üben geben würde. Ich glaube das nicht, daß meine Stimme sonderlich viel Geld wert wäre; sie verliert laufend an Fülle, wird lärmender, und ich singe kümmerlich.

14. September 1904

Jim's Wirtin und ihr Mann[1] haben ihr Haus abgeschlossen, sind auf Ferien gefahren; und Jim hat folglich seit dem 31. August sein Quartier in Shelbourne Road verlassen – zumindest für die nächste Zeit. Wir schreiben jetzt den 14. September. In der Zwischenzeit hat er zuerst 2 Nächte bei einem Mr. Cousins, auf dessen Einladung hin verbracht[2]; dann ein paar Nächte bei Murray's; und endlich, nachdem man ihn dort ausgesperrt hatte, eine Nacht bei einem Medizinstudenten, namens O'Callaghan. Im Augenblick lebt er geduldeterweise bei Gogarty, im Turm von Sandycove.[3] Gogarty würde Jim am liebsten an die Luft setzen; hat aber, für den Fall, daß Jim sich eines Tages doch einen Namen machen sollte, Angst davor, es möchte ihm (G.) einst angekreidet werden können, wie er, obschon vorgeblich ein Bohemien & Freund Jim's, diesen an die Luft gesetzt hätte. Außerdem möchte Gogarty auf keinen Fall die Chance verscherzen, in erborgtem Licht zu glänzen. Jim kommt Gogarty wahrlich nicht teuer zu stehen; er kostet ihn allenfalls ein paar Schillinge die Woche, dazu das Dach überm Kopf, und Gogarty hat Geld. Jim ist auch fest entschlossen, daß falls Gogarty ihn an die Luft setzt, dies in aller Öffentlichkeit geschehn solle. Cousins, und besonders Frau Cou-

1 H: Sie hießen Mc Kernan.

2 H: James H. Cousins und seine Frau Gretta wohnten in Ballsbridge. – AdÜ: über Cousins vgl. die Fußnote 2 auf S. 60 f.; den Namen ›Gretta‹ hat Joyce auf die Heldin der ›Toten‹ in den DUB übertragen.

3 AdÜ: Dies der berühmte ›Martello‹-Turm des OD.

sins, hatten ihn eingeladen, 14 Tage zu bleiben; aber Jim fand sowohl den Vegetarier-Haushalt als die sentimentale Frau Cousins unerträglich, und, was schwerer wiegt, er konnte ihr Benehmen ihm gegenüber nicht leiden. Sie haben auch keine Anstrengungen gemacht, ihn zu längerem Bleiben zu bewegen. Jim hat Cousins danach getroffen, und Cousins hat ihm berichtet, wie eine ganze Menge Leute sich bei ihnen nach ihm erkundigt hätten, und daß sein Haushalt direkt ein Brennpunkt des Interesses geworden sei, weil er sie mit 2 Tagen seines Lebens beehrt hätte.

Am 7., 8. und 9. Juli habe ich ein Examen abgelegt – die Vorprüfung für Veterinäre – und zwar für einen gewissen Gordon. Ursprünglich hatte Jim für ihn antreten sollen; dann aber gemeint, daß er doch allzu bekannt sei. Er bat mich, an seiner Stelle einzuspringen; und die Nacht davor, um 0 Uhr 30, habe ich eingewilligt. Die Prüfung war ganz leicht, und ich habe hinterher gehört, daß ich bestanden hätte. Gordon hätte, wie abgemacht, 30 Schilling an Jim zahlen sollen; mir verehrte er 25, von denen ich 14/6 an Jim weitergab. Um 1 Haar hätte man mich erwischt; denn der Aufsichtshabende kannte Gordon's Brüder, und erkundigte sich beim Anblick des Namens auf meiner schriftlichen Arbeit, ob ich von denen der Bruder sei? Ich gab vor: jawohl, das seien meine Vettern; und da ich die Vorsicht gehabt hatte, mich ein bißchen über die ganze Verwandtschaft zu informieren, war ich imstande, die Erkundigungen des Aufsichtführenden nach der Familie, zur leidlichen Zufriedenheit zu beantworten.

Eileen ist den ganzen letzten Monat bei Tante Callanan[1] gewesen, wo man sie sehr gut leiden kann. Man hätte sie gern ganz dabehalten; aber Pappie erhob Einspruch. Er sagte, Eileen solle kein Dreckpussel werden. Eileen selbst

1 H: Mrs. Callanan, eine Tante der verstorbenen Frau Joyce, wohnte Usher Island Nr. 15, dem Schauplatz der Einleitungsscene der ›Toten‹, (DUB). – AdÜ: nämlich die Gesangsschule; vgl. ELL, S. 254 f.

hätte vorgezogen, dort zu bleiben; soll nun aber nächsten Freitag nachMountjoy Convent gehen, wo auch May ist.

Als Jim mir erklärte, was er damit meine, wenn er sage, daß die Brillianz meines Geistes mechanisch sei, bediente er sich des Ausdrucks: »Verstehst Du, *ich* stemme mich voll & ganz hinter alles, was ich tue.« Ich allerdings ziehe mich hinter alles, was ich sage oder tue, eher zurück.

Immerhin ist keine Handlung so schlecht oder verworfen, daß ich nicht auch mit ihr sympathisieren könnte; und wiederum gibt es wenige Handlungen, seien sie noch so edel oder gut, die ich nicht dito verstünde. Ich entdecke in mir die Keime zu blankem kriminellem Wahnsinn; denn zuweilen, wenn ich mit einem Menschen spazieren gehe, den ich im Augenblick recht gut leiden kann, und wir unterhalten uns ganz ruhig – überkommt mich mit einem Ruck der Gedanke: ›Wie wenn ich jetzt plötzlich & ohne jeden Grund ausholte, und diesem arglosen Menschen hier die Zähne einschlüge –?!‹

Ich habe, wenn ich mir die Gesichter ausgezeichneter Persönlichkeiten anschaue, oder die von klugen und angesehenen Männern der Stadt, die Angewohnheit, ihre Köpfe und Gesichtszüge genau zu untersuchen, um zu entdecken, was das sein mag, das sie haben, und was ich nicht habe; mehr aber noch, um zu entdecken, was das sein mag, das sie nicht haben, ich jedoch habe, und das mich zum Kritiker über sie bestellt. Sie sind nahezu in jedem Fall größer und sehen besser aus; ihre Schädel sind breit und großzügig gebaut; ihre Gesichter wirken quick und voll des Ausdrucks von Selbstvertrauen in irgend eine entweder von Natur aus große oder doch gut-trainierte Kraft. Mir freilich erscheint der Ausdruck ihrer Augen ein klein wenig starr; aber kann ich sie deshalb eines unverfeinerten, unkultivierten, verständnislosen Gemütes zeihen? Ich glaube doch, ja; ihre Gemüter sind tatsächlich alltäglich; sie scheinen nichts zu sehen, und sind auch nicht übermäßig begierig, ihren eigenen Sinn & Zweck zu erfahren; sie haben nichts von jenem ›Bereit-

Sein‹ welches ›alles ist‹; sie sind Hochleistungswerkzeuge, sind Spezialisten, hervorragend tauglich für 1 bestimmte Arbeit.

Fragen, die mich wirklich ernstlich beunruhigen, wüßte ich eigentlich keine; dennoch bin ich selbstredend beunruhigt, obwohl nicht ernstlich.

2 Ausdrücke gebraucht Gogarty, der Dublonisierte Jesus, recht geschickt: das Wort ›Jesus‹ und das Wort ›Kiste‹. ›Jesus‹ bedeutet in diesem Zusammenhang ›Bube, Kerl‹. Da gibt es etwa einen ›grauslichen Jeesus‹, und einen ›haarigen Jeesus‹, und man kann mimen, oder auch sein, ein ›vermuffter Jeesus‹ oder ein ›finsterer Jeesus‹. Eine ›Kiste‹ ist jedwedes öffentliche Gebäude, oder auch ein Saal, wo irgendwelche Gesellschaften zu irgendwelchen Zwecken tagen. So sind etwa die Räume der ›Hermetischen Gesellschaft‹ die ›Gespenster-Kiste‹; eine Kirche ist eine ›GOtt-Kiste‹; ein Bordell eine ›Fut-Kiste‹. Er hat auch einen guten Namen für Geistliche; einen seltsamen Namen, der aber haargenau zu ihrer lächerlichen äußeren Erscheinung und ihrem Gebaren auf der Straße paßt; den Namen einer bestimmten chinesischen Priesterklasse, nämlich ›Die Bonzen‹ . . . . . .

Der Preis den ich für meine Intimität mit Jim bezahlen mußte, hat in klugen Aussprüchen bestanden, und dann & wann einer kleinen verräterischen Selbst-Entblößung, und je witziger die Wendung, die ich letzteren geben konnte, desto besser; aber ich habe den Geschmack an diesen kleinen Judasereien verloren, und bin damit nahezu meiner Intimität mit Jim verlustig gegangen. Jim's Intimität mit seinen Freunden, wie auch die ihrige mit ihm, sind um eben diesen selben Preis erkauft – Byrne ausgenommen. Byrne hat keine überragenden Fähigkeiten oder Charakteristica; aber er hat dies eine: daß er niemals dazu bewogen werden kann, sich zu entblößen und als das zu verraten, was er eigentlich ist – gleich viel, was das nun sein mag.

Ich bin entschlossen, daß, wenn ich mit Katsy breche, das

nicht wegen eines Charakterdefektes an mir geschehen dürfe; weswegen ich 2 oder 3 Zwischenfälle, bei denen ich mir nicht ganz klar war, ob ich nicht die Schuld trüge, habe vorbeigehen lassen. Außerdem habe ich sie gern, und es würde nicht ohne gewisse Selbstverachtung geschehen können, daß ich mit ihr bräche.

Jim war bereits in den Hang des Gewohnheitssäufers hineingeschlittert, sich anstelle von Taten mit großen Worten zu begnügen.

Ich besitze – sobald ich irgendwie einen Fehler begangen habe, sei es in Handlungen, Gedanken oder beim Lernen – die sehr instruktive Angewohnheit, langsam und systematisch jeden getanen Schritt wieder nach rückwärts zu verfolgen; und dadurch präzise zu ermitteln, wieso ich dazu veranlaßt wurde, speziell diesen 1 Fehler zu begehen.

Ich bin sich regelmäßig wiederholenden Verstimmungen unterworfen, während derer ich Alles & Jeden in meiner Nähe verabscheue; ja, sogar Vieles, das ich nur vom Sehen her kenne. Dann erscheint mir dieses Haus hier kernfaul, nutzlos und verrottet, genau wie der hohle Zahn, in den ich eben-jetzt die Zungenspitze stecke.

Ich möchte sagen: mir mißfällt Jeder, dem ich gefalle.

Ach, ich wollte, der Sommer wäre noch nicht vorüber! Ich wünschte allen Ernstes es wäre Hochsommer, und wir hätten mehr glutheiße Tage; flirrende Luft, die vor Hitze funkelt; Meer, in dem man schwimmen kann, und eine frische Brise die über dies Meer daher kommt; und Felsblöcke und Strandhafer zwischen denen man liegen kann; und lange warme Abende.

Jim war immer der Ansicht, Ibsen hätte in Eilert Lövberg[1] einen Genius zeichnen wollen; aber das kann ich

1 AdÜ: vgl. James Joyce, *Kritische Schriften* S. 65 f. Die Figur hat ihn so sehr interessiert, daß er dem ›Irischen Theater‹ für den Fall, daß man dort *Hedda Gabler* aufführen wolle, angeboten hat, die Rolle zu spielen.

nicht glauben. Eilert gehört mit nichten zu den Genie-Typen – wie, sagen wir, Arnold Kramer[1] – er ist vielmehr ein junger Mann von beträchtlichem Talent – vielleicht ein Dichter.

Jemandem geistig etwas schuldig geworden zu sein, erkenne ich ungern an. Wenn mir irgendeine Idee von einem Andern unterbreitet wird, dann – und mag sie mir auch, um wenig zu sagen, höchst plausibel erscheinen – widerspreche ich ihr: weil die Anregung nicht von mir selbst stammt.

Cosgrave und ich sahen uns eines Tages, während wir auf Jim warteten, Morrow's [2] Schaufenster an. Im Fenster hingen eine Anzahl Kunstdrucke, ›Kniestücke‹ von jungen, zum Teil unbekleideten Mädchen. Ich mag dieses Schaufenster nicht; und hatte, ungefähr ein Jahr zuvor, zu Jim geäußert, wie es mich an einen Fleischerladen erinnere. An dem betreffenden Tage nun sagte Cosgrave, daß ihm das Fenster nicht gefalle. Ich erwiderte: »Mir auch nicht. Es erinnert mich an einen Fleischerladen.« Cosgrave lachte; und in eben dem Moment kam Jim um die Ecke, sah ihn ins Schaufenster gucken und lachen, und erkundigte sich, worüber er lache. »Ich lach' über die Bilder hier«, sagte Cosgrave. »Ja«, sagte Jim, »sie erinnern mich an 'n Fleischerladen.« Cosgrave schloß daraus natürlich auf der Stelle, daß ich als eigenen Einfall wiederholt hätte, was ich Jim hatte sagen hören, und sah mich an, und platzte nochmals heraus. [3] Cosgrave und Byrne und Gogarty und überhaupt Jedermann, der uns kennt, hat nichts eiligeres zu tun, als mich der Nachäffung Jim's zu bezichtigen; und ich nehme an, Cosgrave dachte, hier wäre nun mal der handgreifliche

1 AdÜ: vgl. Gerhart Hauptmann's *Michael Kramer,* den James Joyce, als Handübung im Deutschen, 1901 für sich zu übersetzen versucht hat.

2 AdÜ: Morrow war ein Buchhändler in Nassau-Street.

3 AdÜ: vgl. MBH, S. 237 f.

Beweis. Ich war töricht genug, zu erklären, daß *ich* vor Jahresfrist diese Bemerkung zu Jim gemacht hätte, was Dieser auch zugab. Die beste Genugtuung, die mir hätte werden können, hätte ja darin bestanden, Cosgrave in dem Gefühl, mich endlich überführt zu haben, glücklich sein zu lassen. Nach meiner Richtigstellung stieg, des bin ich gewiß, Cosgrave's Meinung von mir ebenso ungerechtfertigt, als sie vorher gesunken war.

Gogarty hat einmal zu Jim gesagt, daß ich ein fürchterlicher ›Thug‹[1] wäre, dazu von gröblich affektierter Manier, eine ›ausgeblichene Imitation von Jim‹, und hinzugefügt, daß wir nur 1 Mißgeburt in der Familie hätten. Ich gab zu, daß meine Manier affektiert, und ›Manier‹ insofern sei, als sie eben affektiert wäre. Jim stimmte mir bei, und fuhr dann fort, im Einzelnen darzulegen, inwiefern ich ihn nicht imitierte. Da ich sah, daß Jim sich ein fertiges Urteil über mich gebildet hatte, und mir nur insoweit glauben wolle, als ich – um mich St. Augustinus' Wendung zu bedienen – ›mich ihm gegenüber zur Beichte bequeme‹, beschränkte ich mich auf ein »Hm.« Cosgrave ist ebenfalls der Ansicht, ich imitierte Jim; aber diese Leute langweilen mich nur; und ich kümmere mich einen feuchten Staub um ihre Meinung, sei sie nun gut oder schlecht. Ich verachte sie wirklich Alle – Colum, Starkey [2], Gogarty, Byrne, ja selbst Cosgrave. Ich verachte sie, weil ich nicht anders kann.

Ich habe das *Tagebuch für Stella* gelesen [3]. Es ist sehr uninteressant. Ich goutiere eine ›saloppe Umgangssprache‹ durchaus, und erkenne die schriftstellerischen Möglichkeiten darin; aber dies Tagebuch hier langweilte mich. Der Große Dekan bemerkt unter anderem spaßhaft zu Stella, daß er

1 AdÜ: vgl. S. 35 u. 47.

2 H: James S. Starkey, ›*Seumas O'Sullivan*‹. – AdÜ: irischer Schriftsteller, der vor allem in ›*The Rose and the Bottle*‹ (Dublin, 1946) aus jenen Tagen berichtet hat.

3 AdÜ: von Swift.

ihr gern den Arsch aushauen würde, ›ob ihrer Fürwitzigkeit‹; bezeichnet die Leute als ›Sohn einer Hündin‹; wünscht ›die Pest auf das‹ und ›die Pest auf jenes‹ herab; sagt ›die Pest auf dies kalte Wetter; ich wollte, meine Hand steckte im wärmsten Winkelchen Deiner Person, junges Weib; mir sterben die Beine ab‹; und teilt ihr mit, wie er eine Medizin einnehme, die ihm morgens ›anständig Stuhlgang macht‹. Dergleichen hinreißende kleine Vertraulichkeiten ausgenommen, besteht das Tagebuch entweder aus Politik oder Skandalgeschichten.

Jim hat mich ›brilliant‹ genannt, und Cosgrave scheint ihm beizupflichten; aber ich kann nicht umhin, sie für im Irrtum befangen zu halten, (vielleicht sogar absichtlich). Kann sein ich denke deshalb so, weil ich, die Art & Weise betreffend, wie sich jene Einfälle bei mir bilden, die man allgemein für witzig hält, mir der Abwesenheit jeglicher Brillianz immerfort bewußt bin. Meine ›Geistesblitze‹ kommen mir nämlich langsam, und formen sich erst nach & nach in meinem Kopf. Zum Beispiel sitz' ich und schreibe gerade; notiere mir 1 Idee, und fahre für gewöhnlich fort zu schreiben; und wenn ich dann fertig bin, stehe ich auf & gehe hinaus, förmlich zitternd ob der Idee. Ich bedaure es, daß einzelne dieser Aussprüche aufgefallen sind; denn ich wünsche weder witzig zu sein – im gewöhnlichen, gängigen Sinne – noch dafür zu gelten.

Gladstone ist für mich der Inbegriff eines großen Heuchlers. Jim hat mir gesagt, daß bei Dante das gewaltigste Wort um einen Mann zu verdammen eben das italienische ›impostore‹ ist. William Ewart Gladstone scheint mir diesen Titel voll & ganz verdient zu haben. Die Engländer haben ihn, in ihrer bekannten Selbstbewunderung – bei der es schwer ist, zu entscheiden, ob die Palme mehr der Falschheit oder dem Stumpfsinn gebührt – den ›Grand Old Man‹ genannt; aber Parnell's Variante hiervon ergibt die weit vollkommenere Personalbeschreibung: der ›Große Alte

Heuchler‹.[1] Parnell muß wahrlich eine ganz anständige Verachtung für ihn empfunden haben. Parnell besaß meines Erachtens nicht viel Geschäftskenntnis, ausgenommen vielleicht in finanziellen Fragen; er war mit den Schattenseiten seines Vaterlandes weder so eingehend vertraut wie, sagen wir, Davitt[2], noch wußte er so gut, wie sie zu beheben, beziehungsweise durch was sie am erwünschtesten zu ersetzen wären. Er war ungelehrt, kein Patriot und unbestreitbar ein Anglo-Ire; aber dennoch war er ein Genius, und zwar in meinen Augen der einzige Genius, den Irland hervorgebracht hat. Er hatte die Gabe, Menschen richtig zu behandeln und sie ihren Fähigkeiten gemäß einzusetzen, sowie einen adlersicheren Blick für Spezialbegabungen. Er muß sehr feinen Geistes gewesen sein; er gebot über gewaltige Ausdrücke der Verachtung: ›Heuchler‹, ›Krämersinn‹. Sein Genius war vermutlich seltenerer und feinerer Art als der Napoleons; aber in Hinsicht auf hochfliegende Pläne und Geschäftstüchtigkeit war er um so viel geringer, als sein Erfolg geringer als der des Korsen war.

›Gastfreundlichkeit‹ ist nicht so sehr eine Himmelsgabe, als vielmehr ein zweischneidiges Vergnügen. Das war ein großzügiger Einfall der italienischen Adligen des Mittelalters, wenn sie versuchten, sich gegenseitig an Gastfreundlichkeit und verschwenderischer Freigebigkeit zu überbieten, offene Tafel für jeden Ankömmling hielten, und ganze große Güter durchbrachten in Geschenken an ihre Hintersassen.

1 AdÜ: in FW ist die Gruppe der ›Gladstone‹ = Phoneme – via ›Stein + Post + Heuchler + Schürzenjäger + Verleumder Parnells' (mit dem JJ sich parziell identifizierte) – zu einem der zahlreichen Stanislaus-Symbole ernannt worden.

2 AdÜ: Michael Davitt – ›always in and out of prison, always coming and going to Australia‹ – lebte damals noch in Dublin, war den Brüdern zweifellos vom Sehen bekannt, und zumal Stanislaus ob seiner massiven Energie und antiklerikalen Haltung sympathisch. Er wird mehrfach in FW erwähnt.

Jim sagt, daß er, zusammen mit ein paar Herren seiner Bekanntschaft, von Trinity College aufgebrochen sei, um sein *summum bonum* zu finden. Clancy ist immerhin schon bis zu Mc Garvey gekommen.[1]

Aristoteles hat gesagt, daß Arbeit ein Mittel sei, sich Muße zu verschaffen; und Coventry Patmore[2] sagt, daß alle Seelen, in denen da Weisheit wohne, die Arbeit haßten. Es wird vermutlich stimmen, daß Müßiggang die erste Voraussetzung aller schönen Künste ist, und Muße die erste Voraussetzung alles spekulativen Denkens. Ich bin sehr geneigt, zu glauben, daß der Mensch dem Müßiggang nach Kräften obliegen sollte; nicht dem Müßiggang allgemein, aber seiner eigenen speziellen Sorte Müßiggang. Nur wenige Menschen sind des Müßiggehens wert.

Byrne hat ausgesprochen mittelalterliche Züge. Ein bleiches, quadratisches, grobknochiges Gesicht; eine Adlernase mit weiten Nüstern, ziemlich tief ins Gesicht gezogen; einen fest zusammengepreßten, lippenlosen Mund, voll von Vorurteilen; braune, weit auseinanderstehende Augen unter kurzen dicken Brauen; darüber eine lange, niedrige Stirn, überragt von kurzgeschnittenem, grobem Haar, das er hochgebürstet hat wie eine eiserne Krone. Seine Stirn hat feine Furchen; sein Blick ist fest. Er ist untermittelgroß, breit, macht den Eindruck beträchtlicher Kraft und hat einen energischen Gang. Er geht grundsätzlich hellgrau gekleidet, und trägt Schuhe, die vorn breit sind. Jim nennt ihn den ›Granden Byrne‹, und er hat auch eine großartige Manier, die Manier eines Groß-Inquisitors. Er ist aus Wicklow gebürtig, und fährt jeden Sommer dort hin. Mein Name für ihn zielt auf eben dieses Ländliche ab: ›Thomas

1 H: George Clancy ist der ›Davin‹ des PDK. Mc Garvey war ein Tabaksgeschäft; vermutlich identisch mit dem STH, Kap. 17 genannten ›Cooney‹, dem Hauptquartier der Separatisten. – AdÜ: Mc Garvey erscheint auch in FW, S. 176.

2 AdÜ: Victorianischer Dichter; in FW ironisch angespielt.

Quadratlatsch‹. Er ist, zum Zeichen großer Weisheit, übermäßig skeptisch – ein ungläubiger Thomas.[1]

Die Schismatiker innerhalb des ›Irischen Theaters‹ haben gegen Synge's[2] Schauspiel protestiert – ein Stück, in welchem eine flinke, intelligente Bauersfrau, die eine Ehe ohne Liebe eingegangen ist, durch einen Trick ihres Mannes überführt wird, mit einem jungen Landwirt ein Techtelmechtel angefangen zu haben.[3] Der alte Mann jagt sie fort, und da der junge Landwirt sich weigert, sie aufzunehmen, geht sie mit einem Vagabunden auf & davon; während der alte Mann und der junge Landwirt sich einträchtig über die Reste eines Leichenschmauses hermachen, der zuvor angerichtet worden ist. Das Stück ist eine ganz ausgezeichnete Komödie, und – zusammen mit einem anderen Stück, ebenfalls von Synge[4] die beste Leistung, die die Irische Nationale Theater Gesellschaft bisher hervorgebracht hat. Natürlich bot es auch den Schauspielern bessere Möglichkeiten als irgendeines der früheren Stücke, und ist demzufolge besser gespielt worden. Aber die sozialistischen Moralisten und freidenkenden Republikaner in Irland haben dagegen protestiert, als eine Verhöhnung der irischen Landbevölkerung und irischer bäuerlicher Verhältnisse. Sie scheinen angenommen zu haben – warum weiß

1 H: Man vergleiche James' Beschreibung von ›Cranly‹, zu Anfang von Kap. 22 des STH. – AdÜ: ebenso wie PDK, in das James Ausdrücke wie ›eiserne Krone‹ übernommen hat. Vgl. auch MBH, S. 231. Das ›Square-toes‹ war übrigens ein gebräuchlicher Spitzname für einen altväterischen Pedanten, und kommt schon als ›young Square-toes‹ in Thackeray's *Vanity Fair* vor.

2 AdÜ: Mit John Synge, der 1909 relativ früh starb, war Joyce schon seit seinem ersten Pariser Aufenthalt (1903) persönlich bekannt; auf sein erfolgreichstes Stück, den ›Playboy of the Western World‹, wird in FW rund 20 Mal angespielt.

3 H: *In the Shadow of the Glen,* aufgeführt am 8. 10. 1903.

4 H: *The Riders to the Sea,* aufgeführt am 25. 2. 1904. – AdÜ: vgl. James Joyce *Kritische Schriften* S. 250 u. MBH 282 f.

ich nicht – daß damit eine ausgesprochene Porträtierung irischer Bauerntypen beabsichtigt gewesen sei; und obgleich sie zugeben, daß Ehebrüche gelegentlich in Irland vorkommen – Oh großen Dank auch, Mister Griffith![1] – streiten sie voller Entrüstung ab, daß es sich dabei um eine Nationaleigentümlichkeit handele. Die Frage, ob Ehebruch typischer für Irland sei, als für Schottland oder England oder Norwegen oder Deutschland, einmal ganz beiseite gesetzt; aber will man etwa darauf hinaus, daß außer statistisch als häufig belegten Typen uns nichts andres mehr abgebildet werden darf? Die betreffende Situation mag in gewissem Grade ungewöhnlich sein – ist ungewöhnlich, insoweit als sie interessant ist – aber die Charaktere sind grund-irisch, ausnahmslos: die Frau selbst, der junge Landwirt, der alte Mann, und auch der Vagabund; der Humor ist irisch, und die Behandlung des Themas gänzlich original. Von sämtlichen aus Historie oder Fabel bekannten Gründen, warum eine Frau ihren Gatten verläßt, um mit einem andern Mann durchzubrennen, und alle Fährnisse der Landstraße auf sich zu nehmen, dünkt mir die Begründung dieses Stückes die mit Abstand komischste. Sie hört sich alles an; erwägt das Für und Wider zwischen Gehen und Bleiben; und langt sich zuletzt ihr Umschlagtuch vom Nagel, und folgt dem Tramp aus der Tür mit den Worten: »Bei Dir unterhält man sich wenigstens gut!«.

Wir haben Krankheit im Hause. Der Kranke bin ich. Ich liege in meinem eigenen Zimmer im Bett; es ist Abend und ich bin allein. Eileen, meine weißgesichtige gedankenlose jüngere Schwester, übt unten auf dem Klavier die ›Rakes of Mallow‹. Ich hasse diese Melodie! Sie besteht aus einer mechanischen Wiederholung derselben 2 oder 3 Noten, immer in derselben Reihenfolge, und mit einer Wendung am

1 AdÜ: Arthur Griffith, der Gründer der ›Sinn Fein‹-Bewegung; vgl. James Joyce *Kritische Schriften* S. 187 ff.

Ende jeder Tonfolge, die den Anfang wieder aufnimmt, wie wenn man eine Kurbel herumdreht. Sie spielt sie schnell und schlecht; macht alle 10 oder 15 Sekunden einen Stolper; hält inne, und fängt wieder von vorne an. Eine lange Kette von Gesichtern zieht mir, schräg von unten nach oben, vor den Augen vorüber, so schnell, daß ich Mühe habe, sie einzeln voneinander zu unterscheiden; aber sie sind grotesk, unmenschlich, wie die Gesichter die man in Höker-Auslagen sieht,[1] mit billiger gelber Farbe auf Papptafeln gemalt, und sie sind dachschindelartig eins übers andere gehakt. Ich kann's nicht verhindern, ich muß sie sehen, wie sie geräuschlos vor meinen Augen auffliegen, eine endlose Kette. Mein Gaumen ist ganz hart und steif; alles was ich anfasse, ist steif und rauh. Mein Kopf schwimmt über mir: ›Oh, man lebt flott in Mal-low Town. Oh, man lebt –. Oh, man lebt flott in Mallow Town. Oh man lebt –. Oh man lebt flott in Mal – in Mallow Town, lebt flott in Mal – low tow – own.‹ Verdammt noch eins, hört mich denn Niemand pfeifen?! Man gibt einfach keine Antwort. Ich kann pfeifen wie ich –. Um Gotteswillen, wenn sie doch bloß Jemand zum Schweigen bringen würde – das schwachsinnige Subjekt! Das ist aber doch unerträglich! ....

Ich hasse es, Jim schlaff und bleich zu sehen, mit Ringen unter den wässrigen Augen, aufgaffenden nassen Lippen, und durchnäßtem Haar. Ich hasse es, ihn auf der Tischkante dahocken, und seinen eigenen Zustand begrinsen zu sehen. Es geht mir auf die Nerven, dann in seiner Nähe zu sein. Oder zu sehen, wie er Wangen und Lippen einsaugt, und die Spucke in seinem Mund 'runterschluckt; und ihn mit einer erschöpften diesigen Stimme quatschen zu hören, wie wenn er dartun wolle, wie gut er schauspielern kann, wenn er betrunken ist, und sich über Philosophie und Dichtung verbreiten – nicht, weil er sie in dem Augenblick

1 N: Hampelmannfratzen.

besonders möchte; sondern weil er sich entsinnt, daß er einen gewissen Ruf aufrecht zu erhalten habe; daß er zeigen müsse, wie clever er auch betrunken noch sei; und schließlich noch, weil er sich selbst gern quasseln hört. Die Neuheit seiner Rolle als verkommenes Genie gefällt ihm. Ich hasse es, ihn dann seine Reden hersagen zu hören, oder seinem ganz augenfällig und peinlich gekünstelten höflichen Benehmen ausgesetzt zu sein. Auf der Straße benimmt er sich noch unerträglicher; rennt hinter jedwedem jungen Ding, das nur einen Petticoat trägt, her, und schäkert aufs törichtste mit ihnen, mit schwächlicher hoher Stimme, obschon er doch schlechterdings keinerlei Begierde empfinden kann, da sein Zeugungsorgan viel zu schlapp ist, um damit mehr als höchstens Wasser zu machen. Sie – die kleinen Biester – rennen erst kreischend zu Paaren davon; und kommen dann wieder zurück, um zu sehen, ob er sie etwa noch einmal haschen wollen werde. Jim kultiviert dieses verheerende Gedalbere, obgleich er genau weiß, daß es sich um eine schleichende Gefahr handelt. Zuerst hat er es als Experiment betrachtet und ausprobiert; dann jedoch angefangen, sich in Gesellschaft zu besaufen; in Ermanglung einer interessanteren Beschäftigung. Zuzeiten begrüßt er den Zustand der Trunkenheit, in der Hoffnung, darin eine Art bewußten Vergessens zu finden; und findet dann darin – ja, ich weiß nicht, was. Manchmal wird er total kindisch; torkelt gegen den an, mit dem er redet und schlägt schlaff auf ihn ein; oder sinkt, gänzlich übermannt, auf den Fußboden nieder, wo er dann stöhnt und schwere Seufzer von sich gibt. Nunmehr freilich betrinkt er sich schon auf ganz reguläre Weise, indem er von einer Kneipe in die andere zieht. Es gibt wenige Dinge, die einem nüchternen Menschen schwerer zu ertragen sind, als zum Gesellschafter einen Betrunkenen zu haben – im allgemeinen gleichbedeutend mit ›den Hüter zu spielen‹. Vielleicht ist das der Grund, warum ich Betrunkene nicht ausstehen kann. Ich hasse es in jedem Fall – und sei der

Betreffende von Natur so stupide wie eine Wildsau – ihn nun noch 9 oder 10 Grad unter diesem seinem Normalzustand zu sehen: nämlich betrunken! Und ich weiß, daß mit der Zeit daraus ein Dauerzustand wird ....

29. September 1904

Pappies Religion ist vielleicht das Allerspaßigste an ihm. Er richtet sich in keiner einzigen besonderen Beziehung nach ihr; wollte mich aber dennoch zwingen, die Messe usw. zu besuchen, nachdem ich meine Absicht angekündigt hatte, das nicht mehr zu tun; und da er die regelmäßig eingehenden Schulzeugnisse immer unterschreiben mußte, sagte er, er würde jetzt mal dem Rektor Bescheid stecken über mich.[1] Der Familienkrach darob fand unten im Wohnzimmer statt; während ich oben in meinem Zimmer saß und las. Man gab mir nacheinander zu verstehen, wie es Mutters Vorstellungen gelungen sei, ihn zur Änderung seines Sinnes zu bewegen; oder auch, daß Charlie, der damals noch die Kirchenlaufbahn für sich erwog, für mich gebeten und Pappie versichert hätte, ›ich würde wieder in den betreffenden Schoß zurückkehren‹. Während diese Bulletins mir successive heraufgeschickt wurden, amüsierte ich mich großartig, und wünschte insgeheim, daß Pappie seinen Worten doch ja die Tat folgen lassen möge, (obschon ich genau wußte, er würde es nicht tun). Ich erwog sogar in Gedanken eine ›Grundsatzerklärung‹; da die Situation mich eventuell dazu hätte nötigen können, den Herren Geistlichen ein Pröbchen meiner Einstellung zu verpassen; aber diese allerletzte Erniedrigung, daß Charlie für mich, und in solchen Ausdrücken, bettelte, füllte bei mir die Schale des Ekels. Ich kam mir vor, wie der sterbende Löwe in der

1 AdÜ: vgl. MBH, S. 151.

Fabel. Das letzte Mal, da Pappie zu Beichte plus anschließender Kommunion ging, war im höchsten Grad amüsant – ich habe damals buchstäblich gebrüllt vor Lachen! Es mag 2 Jahre her sein. Mr. Kane und Mr. Boyd und Mr. Chance [1] wollten einer Abendandacht in Gardiner Street beiwohnen; und Pappie, (der von sich aus niemals auf etwas so gewöhnliches verfallen wäre), ließ sich von Mr. Kane überreden, gleichfalls daran teilzunehmen. Er tat das auch, und kam nach jeglichem Sermon 2 Abende hintereinander besoffen heim. An einem dieser zweiten Abende brachte Chance ihn nach Hause. Am darauf folgenden Abend sollte er beichten. Da hörte ich nun das folgende, im Erdgeschoß stattfindende Gespräch:

Chance: Heilige Kommunion also am Sonntag Morgen; und dann wird um halb 5 noch gegangen und das Taufgelöbnis erneuert. Man gibt Dir Deine Kerze – und anschließend werden wir dann Alle miteinander ...

Pappie (schwer betrunken): Oh, ich protestier' gegen'ie Kerzen; ich protestier' gegen'ie Kerzen! All den andern Dschob will ich prima erle'ijn; aber ich protestier' gegen'ie Kerzen.

Chance: Oh, das wird sich schon finden – 'ss doch 'ne reine Formalität – aber um welche Uhrzeit sollen wir Dich morgen Abend zur Beichte abholen kommen? Matt Kane und Boyd und ich, wir gehen um halb 7 los.

Pappie: Och, 'ch weiß nich'; 'ch weiß nich –. Ich will –. Naja, da kommt man um halb 7. Paßt Euch das ungefähr?

Chance: Großartig. Und Du kommst bestimmt mit?

1 H: Matthew Kane ist der ›Martin Cunnigham‹ der DUB und des OD. Charles Chance hat Einzelzüge zum ›Leopold Blum‹ des OD geliefert, sowie seine Ehefrau, Marie, zur ›Molly‹ beigetragen. Auch erscheint Charles Chance in FW. Boyd wird im OD erwähnt. Der im folgenden berichtete Vorfall hat die Keimzelle zur Erzählung ›Gnade‹ der DUB geliefert. – AdÜ: vgl. MBH, S. 296.

Pappie: Aber ja! Aber ja! Ich komm, alter Junge. Da hab' Du man keine Angst, ich komm schon –. Kann man ei'ntlich geh'n zu Wem man Lust hat?
Chance: Ja sicher. Sie haben alle gleiche Machtvollkommenheit, alle dieselbe.
Pappie: Och, iss mir auch piepe, weiß' Du. Iss mir ganz piepe, weiß' Du. Ich mach mir nichts draus. Ich geh' rein zu dem ersten-besten Buben, der grade offen hat. Ich hab' nicht viel, was ich ihm zu erzählen brauch', weiß'Du. Oder meins'Du etwa, ich hätt ihm viel zu erzählen?
Mutter: Denk' schon. Verhüte GOtt, ich hätte so viel.
Chance: Oh, das gehört nicht zur Sache hier.
Mutter: Oh, nein! Das gehört nicht zur Sache hier, natürlich.
Chance: Das spielt gar keine Rolle, wie viel oder wie wenig Du ihm zu erzählen hast, es wird alles abgewaschen; und hinterher hast Du wieder 'ne reine Weste.
Pappie: Och, iss mir auch piepe, weiß'Du. Ich geh ohne weiter's rein zu dem ersten verdammten Buben, der offen hat, und unterhalt' mich 'n büschen mit ihm.
Chance: Recht! So ist's Recht! Also vergiß nicht: um 5 Uhr 30 bin ich hier.

Pappie ging, wie er versprochen hatte, zur Beichte am Sonnabend Abend; und ging auch zur Heiligen Kommunion am Sonntag in der Frühe. Mir scheint etwas unwiderstehlich Komisches in dem Bilde zu liegen, wie Pappie gegen 9 Uhr morgens allein das Haus verläßt, immer bemüht, möglichst nicht zu fluchen, weil man ihm seine Rasiersachen nicht rauf geschickt hat; um dann, mit möglichst feierlichem Gesicht die Farce in der Jesuiterkirche durchzustehen. Ich kann mir gut vorstellen, wie sehr es ihm widerstanden hat, etwas so durch & durch pöbelhaftes zu unternehmen. Aber seine Eitelkeit half ihm, diese Idee sehr bald zu verdrängen; und am Frühstückstisch erzählte er dann (zur Feier des Anlasses war ein Sonderfrühstück angerichtet) wie Pater Vernon, (der Jesuit, der das Triduum geleitet hatte) zu ihm gesagt hätte: »Alles in allem genommen, sind Sie gar kein so schlimmer Geselle. Ha! Ha! Ha! Ha!«. Am gleichen Tag nach dem Dinner ging Pappie dann noch gegen 4 Uhr 30 zur Schlußandacht; und erschien, zusammen mit Chance, kurz vor 7 und nicht mehr ganz nüchtern, wieder zu Hause. Er wollte Geld von Mutter pumpen; wurde ungeduldig, als sie Schwierigkeiten machte, welches herauszurücken; fing an, ihre Familie zu verhohnepiepeln; und als Mutter den Kopf über ihn schüttelte, ging er lästerlich fluchend davon und knallte die Tür hinter sich zu. Ich lachte, und sagte irgendetwas bitteres, bzw. satirisches. Es war sicher eine der kürzesten Bekehrungen, von denen die Kirchengeschichte weiß. Mutter sagte nichts, sondern schaute nur geduldig drein. *Michaelistag (1904)*

2. Oktober 1904

Heute am Sonntag, den 2. Oktober, stand ich, zusammen mit einer Anzahl junger Männer der niederen Volksklasse – überwiegend in marine-blauen Tuchanzügen; auf den Köpfen Mützen oder steife Hüte – auf der Brücke in Jones Road, und schaute auf die Anlagen neben dem Kanal dort mit hinunter, wo ein Radrennen stattfand. Ich habe eine Abneigung gegen das Platt, das sie sprechen, wie auch gegen ihr Interesse am Sport, das ihre Sonn- & Feiertage ausfüllt. Auch ist speziell dieser ›Sport‹ vulgär und langweilig und armselig. Ein Radfahrer ist nichts besonderes – Jedermann kann schließlich Radfahrer sein. Es erfordert keinerlei besondere Fähigkeiten und kein Spezialtraining, bei einem solchen Rennen mit zu fahren, wie diese Athleten hier tun. Für höchste Spitzenleistungen mag das allenfalls zutreffen; aber in den Köpfen dieser jungen Männer befindet sich doch nichts, was Spitzenleistungen auf irgendeinem Gebiet anstrebte. Ich könnte mir vorstellen, daß Jedermann um mich herum ein Radfahrer ist; und zwar von derselben Klasse, wie die, die da unten ihr Rennen fahren. Das Rennen ist ein klein wenig spannend. Die Gestalten umkreisen die Bahn, wie Jockeys über ihre Lenkstangen gebückt. Wenn sie zum Endspurt ansetzen, erhebt sich heiseres Jubelgeschrei, wütendem Zuruf ähnlich oder grobschlächtigem Gefluche. Warum diese brutale Aufregung? Aber die Gemüter dieser Männer sind nun einmal brutal und primitiv, und die ganze Szene wirkt wie eine farbige Skizze von Jack B. Yeats. Ihm scheint dergleichen zu gefallen; mir aber wirkt ihre Brutalität bedrohlich –. Auf Clonliffe Road, die gebräunten Bäume, heben sich scharf gegen einen kalten, blaßblauen, mit kleinen weißen Schäfchenwolken dekorierten Himmel ab, und die Sonne liegt hell über dem Pfade –. Den Kanal hinauf, über Dorset Street hinweg, läßt ein Mann seinen Irischen Terrier an der Leine ein Bad nehmen. Das Wasser des Kanals ist stahlblau und feingefältelt. Das Grün des Grases erfrischt mir das Auge, und der Erdgeruch ist kräftig – ›irisch‹. Auf dem gegenüberliegenden Ufer, bei den Schleusen-Toren, sitzt ein Häufchen Männer herum und spielt Karten – sie werden so spielen bis es dunkel wird, nehme ich an. Der Eine platzt heraus, mit einem wahren Pferdsgelächter, und knallt eine Karte hin; die Andern springen hoch, fangen an zu debattieren, wobei sie Alle auf einmal reden, so laut wie sie nur können, ein Gemisch aus Flüchen und Unflätigkeiten, aber in aller Freundschaft – sie sind nun einmal so. Wie kann ein solches Vergnügen sie nur ausfüllen? Auf der Whitworth Road, jenseits des tiefen Kanals, wo zu meiner Rechten die Bahnlinie verläuft, tändelt in den Anlagen, die zum Drumcondra Hospital gehören, eine Krankenschwester mit einem schwarzen Hunde. Ich kann erkennen, daß sie jung und hübsch ist. Ich möchte in ihrer Nähe sein, um sie –. Aber das ist ein unmöglicher Wunsch. Deshalb soll er vorübergehen. Es sind viele Leute unterwegs; denn es ist noch nicht 14 Uhr, ihre gewöhnliche Dinner-Stunde. Vor mir geht ein Pärchen her: ein junger Mann, ziemlich groß, in blauem, nicht mehr neuen Tuchanzug und mit einem steifen Filzhut, und eine junge Frau in taubengrauem Kostüm; unverkennbar jungverheiratet seit ein paar Monaten. Ich habe die Bemerkung gemacht, daß um diese Jahreszeit viele junge und ältere Ehefrauen schwanger gehen: ob es möglich ist, daß auch menschliche Wesen sich saisonbedingt begatten & gebären, ähnlich wie Vögel oder andere Tiere? Ich hasse die Sonntage – alle Sonntage: den Sonntag des Gentleman's, den Sonntag des Angestellten, den Sonntag des Arbeiters, und, vor allen andern, den Sonntag des Schankwirts. Sonntag ist der schlimmste Tag der Woche – ›Stumpfer Sonntag‹. Und mein eigener Sonntag, in dem die Stumpfheit der ganzen Woche kulminiert! (Diese Krankenschwester! Am liebsten läg' ich mit ihr im Bett, jetzt am Mittag, um sie möglichst ausgezogen zu sehen, bei hellem Tageslicht. Mittagswollust! Aber wozu ist dies nütz? Obschon Mittagswollust selbstredend nichts ungewöhnliches ist. Regt doch selbst das kaustische Aroma gebleichten Linnens, wie es vorm Bügeln ›gezogen‹ wird, und eingesprengt mit kaltem Wasser, und eingerollt, zu einer Art heller Wollust an. Wollust dieser Art hat etwas frank & freies plus gesundes an sich; obwohl sie vermutlich an sinnlicher Intensität verlöre – irgendetwas daran wäre mir unbefriedigend.) Und das Sonntags-Dinner, den Sonntag-Abend, hab' ich heut noch zu überstehen!

Ich habe mein Gesicht im Spiegel gemustert – selbstredend nicht aus Eitelkeit! Das ist fast schon eine Angewohnheit von mir: die Absicht, meinen eigenen Charakter dadurch zu erkennen, daß ich, wie ich's bei einem Fremden tun würde, seinen Ausdruck analysiere. Mein Schädel ist von ovaler Gestalt, und recht ordentlich gewölbt; mit einer runden Stirn, die nach oben zu ein ganz klein bißchen schmäler wird; bedeckt mit feinem, kurzgeschnittenem stumpf-bronzefarbenem Haar, mit hier & dort einem lichteren Fädchen darin. Mein Gesicht ist quadratisch, mit einem leicht brutalen Zug um die Kinnbacken; die Nase etwas groß und an der Spitze aufgeworfen, mit weiten Nüstern – ein Zeichen von Sinnlichkeit; das Kinn flieht zurück; und die Ohren, obschon nicht zu groß, stehen mir ein wenig vom Schädel ab. Mein Teint ist rein und bläßlich und ich bin etwas hohlwangig. Unter finsteren Augenbrauen ein Paar große Augen von mürrischem Grau, in einer Fassung von klarem, schimmerndem Weiß. Mein Mund wirkt klein, und die Lippenpartie ist nicht übel geformt; aber die Oberlippe ist höher als normal, die senkrechte Kerbe darin besonders breit und betont, und die Mundwinkel selbst sind in einem leichten Fleischfältchen verborgen. Das Fleisch meines Kinns ist gerundet, mit einem flachen Grübchen darin – was man, glaube ich, ein ›Künstler-Kinn‹ nennt. Der Ausdruck meiner Augen ist der eines ständigen, soldatischen Forschens, wie wenn es ihre Pflicht wäre, Musterung zu halten, gemäß irgendeiner finsteren, vergrübelten Moralvorschrift, und zu tadeln; ein Ausdruck, der ihnen auch dann verbleibt, wenn es nichts zu mustern gibt; um die Leute daran zu erinnern, daß Mustern meiner Augen Amt ist – ein affektierter Ausdruck, der das imgrunde langsame Arbeiten meines Gehirns tarnen soll. Und mein Mund ist deswegen so sauertöpfisch gepreßt, um die Schwäche meines Charakters zu verbergen; wenn der Vorhang aus Stirnrunzeln sich hebt, wird ein Geist sichtbar, der ohne Interesse und ohne Überbetontheit sich selbst rekognosziert, ohne an seinem Abbild Gefallen oder Mißfallen zu empfinden; ein Geist, dem es zwar nicht Ergötzen, aber wiederum auch nicht direkt Anstoß erregt, in jene unwürdige Lage hineingeboren zu sein, aus der zu entkommen er arbeitet und gleichsam spart. Mein Gesicht ist wie das des Jünglings Rembrandt, und verspricht auch zu werden wie das des Mannes, (präziser: gleich jenem ›Porträt eines Siebenunddreißigjährigen mit Kalpack‹, das er gemalt hat, und von dem angenommen wird, daß es sich um ein Selbstbildnis handelt); bzw. wenn ich pfeife, seh' ich wie Goldsmith aus. Gogarty nennt mich auch ›Jims Flämischen Bruder‹.[1] Der Hintergrund meines Gemütes ist ebenso verdüstert wie der von Rembrandt – ohne dessen Kunst; und die Verhältnisse könnten mich genauso geplagt und genauso töricht machen, wie Goldsmith[2] – ohne dessen stilistische Begabung. Mein Charakter, so viel oder so wenig das immer sein mag, liegt zwischen diesen Beiden mitten inne: zwischen dem Künstler und dem Literaten. Den Ausdruck vom ›Kleinen Dichter‹ hat man längst geprägt; wer aber hat je den ›Kleinen Philosophen‹ gewürdigt? Denn genau das bin ich. Ich bin niemals überrascht, wenn Jemand mich nicht mag, noch schätze ich ihn darob geringer oder schreibe es gar irgendeiner Eifersüchtigkeit zu; achte dann vielmehr in den Betreffenden die Fähigkeit zu hohen plötzlichen Einsichten. Obwohl ich weiß, daß Anklagen um 1 entscheidende Spur leichter ist als Widerlegen. Was meine Manieren anbetrifft, nur 2 Worte: ich habe keine Manieren. Neugierig bin ich, was man so von mir denken wird, wenn ich einst daliegen werde, in Holzmeiers Truhe, mit meinem Rembrandtgesicht steif auf weißen Kissen, eingerahmt von häßlichen Papierspitzen! (Schmalzige Einfälle – genau die Einfälle, die ich bei mir unmöglich machen möchte. Weit wahrscheinlicher, daß mein Andenken in keiner Hinsicht irgendwie überleben wird; ich erinnere mich meiner Toten schließlich auch nicht besonders lebhaft. – Ach, soll der Tod abhauen!)

1 AdÜ: vgl. sowohl die persiflierenden mijnheerigen Anspielungen in FW, a la »Amtsadam, Sir!«, als auch die mehrfachen direkten Erwähnungen Rembrandts: »His kep is a gorse cone«, S. 403 (wo sich das ›Jugurtha‹-Gurgeln des Gewürgten anschließt).

2 AdÜ: man vgl. die häufigen Goldsmith-Allusionen in FW: »our Traveller, remote, unfriended, Melancholy Slow" (S. 56), entsprechend der ersten Zeile von G.'s Gedicht ›The Traveller‹: »remote, unfriended, solitary, slow«.

Charlie singt wie ein sentimentaler Schutzmann.

Jim gilt allgemein als äußerst freimütig in Bezug auf sich selbst; aber seine Schreibweise ist von der Art, daß man sehr wohl behaupten könne, er beichte in fremden Zungen – eine leichtere Art zu beichten, als in der normalen Umgangssprache.

Ich hasse den Durchschnitt. Ich bin mitten darin geboren worden; ich gehöre ihm an, mit Leib & Blut: deswegen hasse ich ihn! Wenn ich des Durchschnitts gedenke, komme ich mir vor wie ein Wissenschaftler, der ein übelriechendes Gas zu beobachten hat. Es stößt mir auf, wie Magensäure. Die ›Absolute Mehrheit‹ – dies soziale Ungeheuer – ist der Feind alles spirituellen oder intellektuellen Fortschritts, ebenso wie aller emotionellen Reinheit. Ihr ochsiger Skeptizismus widersteht mir. Sie möchte am liebsten, daß Alles sich ihrer Gemeinheit unterwerfe, und das verstümmelte unbefriedigende Dasein akzeptiere, auf dem sie stur besteht. Ich hasse dieses Stadt-Leben der Mehrheit, dies privilegierte Dasein, mit seiner Liebe zur Arbeit um ihrer selbst willen, seiner Betriebsamkeit, seinem ›eine-Aufgabe-erledigen‹; (an & für sich etwas gänzlich verächtliches, höchstens, daß man sich dadurch die Mittel erwirbt, das wahre Leben zu finanzieren). Städte sind schließlich allein deswegen gebaut worden, daß man in ihnen lebe, nicht um ihrer selbst willen; und diese Städtebewohner opfern ihr Dasein der Stadt in der sie wesen. Sie haben ihren Lohn dahin. Paris ließ die bedeutendste Stadt der Alten Welt um seiner persönlichen Glückseligkeit willen in Flammen aufgehen, und das moderne Europa hat die schönste seiner Städte nach ihm genannt. Pius Äneas andererseits hat sein Glück einem bewundernswürdigen Sinn für Pflicht aufgeopfert, und eine flatterhafte und undankbare Zivilisation beachtet ihn nicht einmal – ist auch nur der allerkleinste Weiler nach ihm benannt? ....

Ich kenne so manche 20- oder 21-jährige Studenten –

einige haben sich schon einen akademischen Grad erworben – deren Briefe noch von ihren Vätern geöffnet werden, wenn sie während ihrer Ferien auf's Land verreisen. Padraic Mac Cormack Colum, der irische Laufjungen-Genius, der Liebling von Yeats und Russell und deren Clique, der vom Millionär Kelly begönnerte ›karierte Clown‹[1] – dessen Briefpost wird von seinem Vater erst geöffnet! (Zumindest war das der Fall mit einem den Jim ihm sandte. Was für eine Art Courtoisie sollten derlei linkische Lümmel wohl ihren Frauen zu erweisen lernen, wenn sie später einmal erwachsene Männer geworden sind und heiraten?!)

Denn der normale Vater hat kein Interesse an der Erziehung seiner Söhne, abgesehen von dem, zu dem Lehrer & Schulräte ihn nötigen. Er wünscht gar nicht, daß sie gebildet werden. Er hat Angst, sie gebildet zu sehen; er ist eifersüchtig auf seinen Sohn. Wenn ein Junge auf eine gute Schule geschickt werden soll, findet sich garantiert ein halbes Dutzend Freunde, die den Vater davor warnen: »Du, der wird eingebildet, das sag' ich Dir; Du erlebst noch, daß Der sich gegen Dich kehrt.« Wie oft hab' ich dergleichen nicht von Pappie hören müssen, wenn er wieder einmal vergeb-

1 H: »Der, mit kariertem Clownsgequätsch,
fröhnt Millionärn in Hazelhatch;
bis er zur Fastenzeit dann flennt
und sich den ›sündgen Heiden‹ nennt.«
James Joyce *(Die heilige Inquisition)*

Thomas F. Kelly, ein Amerikaner, der damals in Celbridge wohnte, hatte Padraic Colum ein monatliches Fixum ausgeworfen, um dessen schriftstellerisches Schaffen zu fördern. Auch James Joyce hatte sich, wiewohl vergebens, um 2000 £ an Kelly gewandt. – AdÜ: vgl. MBH, S. 74 f. Um die Skurrilität recht zu würdigen, stelle man sich vor, daß heute ein Zwanzigjähriger, der praktisch noch nichts veröffentlicht hat, barsch 100 000 Mark von Einem verlangte. Selbst in FW S. 129 kehrt die Szene noch wieder: »was hatched at Cellbridge«, worin ›hatch‹ auch heißt ›die Rechnung ohne den Wirt machen‹ und außerdem ebenso auf Hazel*hatch* hinweist, wie das ›Cell‹ auf Kelly u. haz*el*.

lich versucht hatte, Jim seine Vorstellung von Respektabilität aufzuoctroyieren, und ihn dazu zu bewegen, sich entweder für den Richter- oder den Advokatenstand zu entscheiden. Und das Ende war unveränderlich, daß er ausblökte, was er von Jim's Idealen imgrunde denkt – die damals empfindliche Angriffsstellen genug boten – worauf Jim dann seinerseits Pappie einiges zu hören gab. (Das kann Jim, wie sich's versteht!) Neinein; Väter wollen trainierte Söhne, voll der beliebten Allgemein-Bildung und mechanischer Akkuratesse. Höhere Mathematik (ja, sogar Höhere Arithmetik) ist für ihre Absichten ebenso unbrauchbar wie z. B. Gedichte-machen. Ja, noch unbrauchbar*er*; denn eine solide englische Bildung macht ja den Menschen ›beredt‹ – verleiht ihm das, was man ›eine große Klappe‹ nennt. Aber sie äußern sich überhaupt nicht sonderlich über mathematische Studien, weil sie nichts davon verstehen; sie haben eine verschwommene Vorstellung davon, daß es sich um etwas sehr ›Intellektuelles‹ handele (dabei sind Mathematiker die allerdümmsten Menschen, Musiker vielleicht ausgenommen; ihnen kommt kein Einfall, nach welchem auch nur 1 Köter schnappen würde!), etwas sehr praktisches; und daß imgrunde Jeder ›der nur flink rechnen kann‹ auch ein guter Mathematiker sein könne, wenn er nur die erforderliche Zeit für's Studium aufzubringen vermöchte. Wenn es hoch kommt, wünschen sie, daß ihre Söhne sich Bildung deshalb erwürben, weil sie wissen, daß es sich um eine Ware handelt, die Marktwert hat, und Vermieter-Verleiher derselben begehrt sind. Dennoch sind sie durchaus imstande zu fragen: wieso, zum Teufel, es mehr wert sei, zu wissen, wer Julius Cäsar umgebracht hat, als sonst irgendeinen Hans & Franz? Sie geben sich alle Mühe, ihre eigenen ungegründeten Vorurteile den Gemütern ihrer Sprößlinge aufzupfropfen; und betrachten jeglichen Einwand als eine Unehrerbietigkeit, die nicht geduldet werden könne. ›Trautes Heim‹, das ist ein Ort, wo Kinder aus dem kontinuierlich schlechten Beispiel ihrer Eltern sich das annehmen können, was ihrer Veranlagung entspricht. Und dennoch verlangen Eltern – während sie selbst ein hinlänglich schändliches Beispiel vorleben – von ihren Kindern einen erstaunlichen Standard an Tugend und Aufrichtigkeit; und in mindestens einem halben Dutzend Haushalte, die ich wirklich intim kenne, erschallt, wenn das einmal nicht der Fall ist, sogleich die Phrase – oh, Ironie! – »Der Junge ist nicht von mir!« Was den Versuch eines Verständnisses für Wesen oder Bestrebungen ihrer Kinder anbelangt, oder sie mit etwas zu beraten, was nicht nur eine erborgte, leere Kanzelphrase ist – was für Weistümer aus eigener aufgespeicherter Erfahrung hätten sie schon zu geben? – oder zumindest Fähigkeiten und Interessen zu zeigen, die entweder bewundernswürdig oder doch wenigstens liebenswert sind, dergleichen ist so rar wie die Tugend in persona. Viele Väter, die ich persönlich kenne, wissen nicht einmal die Namen ihrer sämtlichen Kinder. (Vielleicht ist ja in dieser Ignoranz über uns etwas, für das wir sogar dankbar sein sollten, wenn wir uns in dem sogenannten ›Schwierigen Alter‹ befinden; denn wir begehren ja dann gar keine Vertraulichkeiten von jenen insgeheim unbekehrten Hurenböcken, die sich unsere Väter nennen.) Enfin: die größten Hindernisse bei Kindern & Jugendlichen sind im allgemeinen ihre eigenen Väter; und das erste, was ein junger Mensch zu tun hat, wenn er mit den Jahren zu Verstande kommt, besteht darin, die Lügen, die man ihm beigebracht hat, wieder zu verlernen. Sobald sie einigermaßen herangewachsen sind – sagen wir 16 oder 17 – sind die Elternteile ihrerseits soweit, (entweder der ein- oder der andere; nehmen wir beispielshalber den Vater), daß sie den Haushalt ruiniert haben, und nunmehr von ihren Kindern erwarten, daß die zu Einnahmequellen würden. Gewiß; sie haben ihnen manchmal zu essen gegeben, und sogar das zuweilen noch kümmerlich ....

Ich habe in letzter Zeit einige Romane von Henry James gelesen, und einige von George Meredith, und natürlicherweise hat in meinem Geist eine ständige Vergleichung der beiden Männer stattgefunden. Meredith hat den größten Namen in der heutigen englischen Literatur, jetzt wo Swinburne sich zurückgezogen hat; und James hat praktisch gar keinen Ruf, man hält ihn für den Verfasser zahmer Gesellschaftsromane. Meinem Urteil nach ist James dadurch eine stupide Ungerechtigkeit zugefügt worden. Er ist, und zwar mit beträchtlichem Abstand, der bessere Romanschreiber; ja, mehr noch, sein Werk ist ein wichtigerer Beitrag zum modernen Bewußtsein, als das von Meredith.

Beide Verfasser haben die antiquierte fixe Idee, eine handlungsreiche Fabel abspinnen zu müssen; und die Konstruktion ihrer Bücher ist dementsprechend schlecht. Im *Porträt einer Dame* zum Beispiel ist James etwas langatmig; und vor allem könnte man mit Berechtigung einwenden, daß es unglücklicherweise eine gesellschaftliche Unmöglichkeit ist, ein Verhältnis wie das zwischen Madame Merle und Gilbert Osmond (dessen Resultat dazu noch so sichtbar ist) derart absolut geheim zu halten, und dazu noch über einen so langen Zeitraum hinweg. Auch ist kein Leser darauf gefaßt; und als zufällige Ursache, sprich deus ex machina, in einem umfangreichen psychologischen Roman kann dergleichen nicht akzeptiert werden. Seine Geschichten sind originell und modern, und ebenso delikat wie seine Gestalten; obwohl nicht immer ganz geschickt. Im *Amerikaner* dann springt Einem wiederum eine Überraschung ins Gesicht, die nahezu den ganzen Roman verdirbt – ich meine damit, wie der Tod Henri-Urbain de Bellegarde's aufgerollt wird. Das ist zur Handlung überhaupt nicht erforderlich, und als Mittelding zwischen Mord und einem natürlichen Tod, weder Fleisch noch Fisch. Ja, was noch unverzeihlicher ist: es erzwingt die Abspulung eines endlosen Monologes – buchstäblich einer ganz anderen Geschichte – und die Einführung einer neuen, gänzlich belanglosen Figur, der Mrs. Bread. Das sind mächtige Fehlgriffe; aber immer noch geringer als die von Meredith im *Richard Feverel*, wo er das halbe Buch hindurch, und über einen Zeitraum von 3 Jahren hinweg, ein halbes Dutzend Gestalten sich immerfort einander entgegenarbeiten läßt. *Richard Feverel* besteht imgrunde aus 3 Handlungsreihen: bis zum Ende der Bakewell-Komödie, erste Handlung; bis zum Ende der Raynham-Liebesaffäre, eine weitere Handlung; und endlich die letzte Episode, dritte Handlung. Bestenfalls ist es eine alte Geschichte auf neu gearbeitet. Der *Egoist* ist ein späteres und reiferes Produkt; aber die Fabel ist noch weit elender. Das Ganze schleppt sich unerträglich hin, bis etwa 100 Seiten vor Schluß – und endet dann auf einmal wie eine Posse von Pinero. Er verschmäht sogar einen Wandschirm und doppelte Türen nicht. 4 oder 5 nicht vorherzusehende Ursachen müssen ineinandergreifen, damit Crossjay ja in ein Wohnzimmer rennt und sich dort unter einem Schal versteckt. Sir Willoughby und Letty kommen prompt nach; unterhalten sich dort drinnen, wie sie sich nie zuvor unterhalten haben, und erzählen einander Sachen, die sie längst Beide auswendig wissen, und für deren Herzählung man keinerlei Grund einsehen kann, es sei denn der, daß Crossjay alles erfahren solle. Crossjay ist auch so freundlich, und fällt ganz aus seiner bisherigen Rolle, nur um Meredith zu unterstützen; und Vernon Whitford und Colonel de Craye wissen unverkennbar ebensoviel über die ganze Angelegenheit, wie Meredith selbst; es gibt keine andere Erklärung für ihr Verhalten. Hinsichtlich dieser letzterwähnten Gestalt, zwingen die Schwierigkeiten seiner eigenen Fabel Meredith im letzten Moment noch, seine ursprüngliche Absicht zu ändern. Wahrscheinlich hat das, was man ›eine Handlung‹ nennt, sowieso wenig Anziehungskraft für mich; aber mir scheint, daß dieser *Egoist* noch einmal geschrieben werden müßte, und daß der Mann, der das übernimmt, dazu fähig zu sein hätte, ohne Handlung, direkt aus seinen Charakteren heraus, zu schreiben.

Wirklich große Romanciers kann man von den kleineren hauptsächlich an der Perfektion ihrer Gestalten zweiten Ranges unterscheiden. Henry James' Gestalten zweiten Ranges sind manchmal gefährlich nahe daran, langweilig zu wirken; und wären nicht die wahrhaft antike Gesundheit seines Blicks und seine Gescheitheit, würde ihm das zum Verhängnis werden. Nehmen wir nur das *Porträt einer Dame*. Lord Warburton ist Max Beerbohm's William Archer in Lebensgröße; eine hölzerne Marionette, die sich äußerst korrekter Bewegungen und eines mächtigen Vollbartes erfreut. Madame Merle ist viel zu vollkommen, um einen Fehltritt der geschilderten Art begangen zu haben; überdem: was hat sie schon groß ausgerichtet mit all ihren Ränken? Sie bewirkt das, von dem Einem zu verstehen gegeben wird, daß es immer ihre Absicht war, bong; aber wie? Ich kann es mir nur durch die Annahme erklären, daß sie mit James unter einer Decke gesteckt hat. Und dann verwendet er mit Bezug auf sie immerfort ein ziemlich karikierendes Beiwort, das Adjektiv ›beleibt‹, ein Adjektiv, das sich vor meinen Augen grundsätzlich über eine ganze Buchseite hinräkelt, ungefähr so: ›b-e-L-E-I-B-t-t-t-t‹. Pansy ist hübsch aber fade; und Caspar Goodwood unerträglich steif und geschäftsmäßig, eine wortlos-ernste Persönlichkeit, die James selbst zu bewundern scheint. Meredith's Gestalten zweiten Ranges sind gerundeter und besser, und trotzdem glaube ich, James habe immer noch den Vorrang vor ihm; weil nämlich Meredith's Manier, meinem Gefühl nach, eine falsche Manier ist. Er behandelt seine Marionetten wie es etwa ein jovialer Gott tun würde, der den Bauch voll Wein hat. Seine Manier heißt ›Komik‹. In jeglichem Roman gibt es ja 1 Gestalt, mit der wir den Autor näher identifizieren, als mit den übrigen. Im *Porträt einer Dame* ist das Ralph Touchett; im *Richard Feverel* der

Adrian Harley. Meredith jedoch identifiziert sich mit Allen näher, und scheint zu seiner eigenen Entschuldigung das anzuführen, daß er über seine Geschöpfe lache. Belege sind der Baronet, Adrian, Master Ripton Thompson. Bei Sir Willoughby Patterne hat Meredith eine Chance, durch solches Verfahren tatsächlich etwas zu erreichen; aber mir scheint, er hat ihn doch als allzu vernagelt dargestellt. Sir Willoughby ist weniger Egoist, dafür aber mehr Snob als Gilbert Osmond. Aber der Punkt, in dem Henry James am meisten seine Superiorität an den Tag legt, ist die Schilderung seiner Frauengestalten – eine Kunst, wofür gerade Meredith besonderen Ruf hat. [1] Zugegeben, ich wüßte Niemanden, der Frauen so artig schmeicheln könnte wie Meredith – »eine leckere Spitzbübin aus Porzellan«, »eine sinnverwirrende Beleidigerin«, »Orchideengewandig«, »die Bänder an ihrem Kleid, die ›Wer läuft in meine Arme?‹ auf ihrem Busen spielten« – aber wirklich intime Kenntnis weiblicher Mentalität scheint er entweder nicht zu besitzen; oder, falls doch, versteht er sie nicht zu zeigen. Wenige Männer haben diese Kenntnis. Guy de Maupassant hatte sie, wie mir scheint; und James hat sie auch, obschon er einem anderen geistigen Typ angehört. Etwas so gutes wie Isabel Archer hat Meredith nie geschaffen; Clara Middleton kann ihr nicht das Wasser reichen; und Laetitia Dale ist beinahe so langweilig wie Dr. Middleton. Clare Doria Forey, der Typ der hinfälligen Schönheit, gefällt mir; aber sie ist ein Kind. Von sämtlichen Romanen James' hat meines Erachtens *Daisy Miller* die wenigsten Fehler; es ist eine in sich vollendete kleine ›Tragödie des Benehmens‹. Jim hält Daisy Miller für dumm; ich bin mir sicher, daß er

1 AdÜ: vgl. zu dieser ganzen Erörterung James Joyce *Kritische Schriften* S. 88 f., wo er Jerrold's *George Meredith* kurz bespricht. Er hat als junger Mann M. durchaus geschätzt – siehe MBH, 269 ff., u. ö. – und z. B. in den OD S. 188 seine Definition des Sentimentalisten übernommen.

sich irrt. Ich habe es zweimal gelesen, und es gefiel mir beim zweiten noch besser, als beim ersten Mal. Trotzdem sie nach außen hin ein gedankenloses, muntres, gefallsüchtiges Mädchen scheint, machte sie mir dennoch den Eindruck von feinfühligem und bewundernswertem Stolz und beträchtlichem Mut – mir gefällt sie. Auch das ist typisch für James' Art, daß ich um keinen Preis zu sagen wüßte, ob er selber seine Heldin nun mag oder nicht. Jim meinte, er vermöge nicht zu begreifen, daß & wie irgendeine Frau den Winterbourne dem Giovanelli vorziehen könne. Zuweilen gelingen Henry James Wendungen, die Meredith nicht besser machen könnte; so verweist er auf Giovanelli mehrfach als den »subtilen Romanen«. Giovanelli kannte Daisy Miller wesentlich intimer, als das bei Winterbourne der Fall war, und hatte somit natürlich beste Gründe, ihr Benehmen untadelig zu finden. Ich weiß, daß er sie gern hatte; aber total unfähig war, sie richtig zu würdigen. Es ergibt eine ganz reale psychologische Katastrophe, wenn Winterbourne, ruhig lächelnd und ohne irgendeinen Versuch der Verstellung, sich bei sich selbst anschickt, über Daisy Miller abzuurteilen – ohne den geringsten Argwohn einer Ungerechtigkeit, und doch so ungerecht. Die einzige artistische Abrundung der Geschichte erfolgt anläßlich Daisy Miller's Tod. Und James' Einstellung dem Tod gegenüber – ein sehr gewichtiger Test! – ist ganz unsentimental. Er vermittelt das Gefühl der spirituellen Trostlosigkeit ob ihres Verlustes vollendet durch die Beschreibung von Daisy Miller's kleinem Grab: »eine neue Erhebung inmitten der Tausendschönchen des April«.

Die Emotionen, die Henry James sich zur Darstellung erkiest, sind unbedeutend; aber sein psychologisches Vermögen erweist sich gerade an ihnen als außerordentlich präzis und umfassend. Er suggeriert Einem weder sich mit den Gestalten zu identifizieren (man hat grundsätzlich das Gefühl, ›über‹ sie zu lesen), noch verläßt er je seinen Standpunkt als Künstler, um sich über das, was er geschildert hat, theoretisch zu verbreiten – diese Angewohnheit Meredith', an der man den psychologischen Essayisten erwittert, (Meredith' Psychologica führen grundsätzlich ihre eigne Erklärung mit sich) – sondern bleibt vielmehr aufs geduldigste unpersönlich. Dem HErrn sei's gedankt! Seine Feinheit ist anhaltender als die von Meredith, sein Humor delikater, seine Art der Behandlung wissenschaftlicher, und mindestens ebenso feiner Unterscheidungen fähig. Er besitzt einen feineren Intellekt als Meredith, ist aber nicht entfernt so schlagfertig oder witzig. Meredith' Witz beruht hauptsächlich auf geschickter Handhabung des Wortschatzes; er entwickelt ein Epigramm aus dem zuletzt gebrauchten Wort, und verdirbt mit solchem Epigramm seine psychologische Finesse. Man hat bei ihm den Eindruck, er sei darauf aus Punkte zu sammeln – ein nicht gerade befriedigender Eindruck für den Leser. Seine Psychologica sind oftmals gewaltsam, und zuweilen nicht mehr, als ein Vorwand, zum Zweck, seine Gestalten so handeln lassen zu können, wie sie tun. Meredith denkt mit der Feder in der Hand, und schreibt unter dem Diktat seiner Gedanken. Sein Stil ist warm vom Feuer raschen Bewegtseins, und gelegentlich sogar etwas atemlos. Es scheint manchmal fast, wie wenn ›denken‹ allmählich zu einer veralteten oder zumindest heruntergekommenen Wissenschaft würde. Im Augenblick ist es nur noch die Kunst, Notizen zu sammeln, und sie dann auf Papier zu arrangieren. Selbstverständlich ist Meredith oft & auf's brillianteste intellektuell; aber er ist eben der Mann mit der Feder, was James nicht ist. James schreibt ruhig, ohne sich zu übereilen, und er scheint nicht das zu schreiben, was er denkt, sondern was er gedacht *hat.* Er greift nicht hastig nach dem Gedanken, der ihm gerade einkommt; sondern wartet, bis der sich seiner geistigen Perspektive gehörig eingeordnet hat, und fügt ihn dann, klar, minutiös und folgerichtig schreibend, mit lichtvoller Leichtigkeit ein.

James besitzt nicht den durchdringenden Scharfblick Meredith'; aber sein Stil hat mehr Durchsichtigkeit & Wahrheit. Seine Psychologica sind deswegen genießbarer als die Meredith', weil sie nicht überdeutlich serviert werden. Stilistisch am gelungensten sind seine Dialoge; die sind exquisit und wahrhaft wundersam. Auch Meredith' Dialoge sind gut; aber doch nicht von derselben Größenordnung wie die von Henry James. Trotzdem wirken James' Dialoge ein ganz klein bißchen zu sehr wie ein feines Spiel zwischen kultivierten Geistern; und, um eine Wendung von vorhin aufzunehmen: seine Männer und Frauen reden häufig mehr wie Leute daher, die gelebt *haben*, denn wie Leute die zur Zeit leben. Sein Prosastil ist ohne Farbe; meistenteils wie die Schreibe eines wohlerzogenen Gentlemans, ja, zuweilen so erbärmlich, daß man sich des Eindrucks nicht erwehren kann, er habe seine Lehrzeit dadurch abgedient, für die Zeitungen die ›Nachrichten aus der Gesellschaft‹ zu verfassen. Hier ist der Punkt, wo Meredith ganz einwandfrei den Vorteil über James hat. James hat nichts, was Meredith' souveräner Handhabung der Sprache zu vergleichen wäre; oder auch dem Humor seines Stils, der Kraft seines Ausdrucks, der Fülle seiner Imagination. Meredith ist irgendein Mittelding zwischen einem mißratenen Verfasser psychologischer Essays und einem mißratenen Poeten; aber obschon er zur Weitschweifigkeit neigt, er ist einer unserer großen englischen Sprachschöpfer. In seinen gelungensten Passagen schreibt Meredith förmlich als Lyriker, und erzielt deshalb einen magisch-prunkvollen Effekt damit, weil er es so gut kann. Im *Richard Feverel* etwa finden sich Beispiele solch magisch-prunkvoller Schreibweise in den Kapiteln ›Exkurs über eine Pfennig-Flöte‹; in ›Clares Tagebuch‹ aus den deutschen Wäldern; auch im vorletzten Kapitel – überhaupt über das Ganze verstreut. Während einer gutgemeinten aber langweiligen Strafpredigt, die der Baronet seinem Sohn hält, wird Richard durch irgendetwas an Lucy erinnert, und »das Herz des jungen Mannes galoppierte auf & davon, zurück nach Raynham« sagt Meredith – und mein Herz galoppierte an seiner Seite mit. Im Vergleich hierzu wird die pausenlose Wohltemperiertheit von Henry James' Stil freilich fade und leblos. Er scheint sich irgendwann einmal dazu entschlossen zu haben, Emotionen prinzipiell zu untertreiben – womöglich aus Furcht, ansonsten die Begrenzungen seiner Natur allzudeutlich zu verraten. Das große Gefühl, das Jim so ausdrückt[1]:

»Oh, eilt über dunkle Lande,
über See und Himmelsstrich;
denn See oder Land soll uns nicht scheiden,
mein Lieb & Mich –«

wird bei Henry James zum »Eifer eines Bewunderers, der, auf seinem Wege nach Rom hinunter, weder in Bologna noch in Florenz Station gemacht hatte, lediglich aufgrund einer gewissen sentimentalen Ungeduld«.[2] Überdem findet sich bei ihm wirklich eine überraschende Kollektion abgegriffener Füllsel à la »inkonsequenterweise«, »mit voller Absicht«, »ein unkultiviertes Gemüt«, »immer« sagt er für »immer noch«, »durch Abwesenheit glänzen«, Sachen können »schrecklich spaßig« sein und sind meist »oben erwähnt«, Mädchen sind »frappierend hübsch«, ja, es gibt sogar »hübsche Männer«, er »versucht, Szenerien zu schildern«, und redet seinen »Leser« an, »auf die Gefahr hin, ein einigermaßen spöttisches Lächeln beim Leser hervorzurufen –«. Sein Stil ist allzuoft sorglos, ja buchstäblich ausgelatscht, wie etwa im folgenden: »doch war die historische Atmosphäre, wissen-

1 H: Aus ›Geht aus und sucht sie artiglich‹, der *Kammermusik*.

2 AdÜ: Schon hier zeigt sich deutlich die – später in MBH, S. 63, klar formulierte – Einsicht, »daß das Leben ›mit nichten so sauber & ordentlich ist, wie eine Seite von Henry James‹ Prosa«. Meredith dürfte die beträchtlich größere Handschuhnummer besessen haben.

schaftlich betrachtet, nicht viel mehr als ein schändliches Miasma«[1]; und nächtliche Besuche des Colosseums, hochgeschätzt von romantischen Naturen, werden »von den Ärzten widerraten«. Sicherlich schlecht genug für einen Romancier vom ersten Range. Aber sein Stil ist nun einmal der Ausdruck seines Geistes.

Henry James kommt von Richardson her – mit vielleicht D'Israeli als Zwischenglied – und von Goethe; wogegen man von Meredith sagen könnte, seine geistigen Ahnherren seien Lytton – der *Egoist* schleppt sich auf die gleiche Weise hin, wie *Mein Roman* – und Carlyle, auf den seine Wortverhaftetheit und zerzauste Schreibweise hindeuten. Mein Vorurteil besteht darin, daß James doch wohl die verfeinerte Tradition hinter sich hat. Henry James ist der kultivierteste und gleichzeitig modernste Schriftsteller der zeitgenössischen englischsprachigen Literatur. Die Einwohner seiner geistigen Republiken scheinen ihre Gemüter von Vorurteilen freigemacht und eine beneidenswerte Reinlichkeit der Emotionen erreicht zu haben; und seine ganze Behandlungsweise des Lebens besteht in einer anhaltenden, äußerst verfeinerten Sanftmütigkeit. Seine Geisteshaltung scheint mir – mehr als jegliche andere Geisteshaltung, mit der ich einigermaßen bekannt bin; mehr als Pater's zum Beispiel – den Einfluß Goethes zu besprechen. Ich bewundere Goethe, und schmeichle mir, seinen Charakter recht gut begriffen zu haben; obwohl ich von seinen Schriften nur sehr wenig gelesen habe. Es findet sich Vieles bei ihm, was mich annehmen macht, daß seine Einstellung dem Leben gegenüber in künftigen Zeiten diejenige ersetzen werde, die Jesus angenommen, und welche die westliche Welt so viele Jahrhunderte hindurch imitiert hat. Falls es ihm mißlingen sollte, unsere Welt durch sein Vorbild in demselben Ausmaß zu beein-

1 N: *Miasma*, (Einzahl, griechisch), bzw. ›Miasm‹ (engl.) = Atome oder Partikel, die von verwesenden oder giftigen Körpern aufsteigen; *Miasmata* (Plural, griechisch) englisch ›miasms‹).

flussen, wie das Jesus & dessen Schule gelang, dann dürfte das meines Erachtens einzig daran liegen, weil es ihm mißlang, sich selbst im gleichen Ausmaß wie Jene zu beherrschen. Sein Leben verlief chaotisch, und, ebenso wie sein Werk, ohne vorgeplante Ordnung, (immer ausgenommen seine Lyrik); vergleiche seinen *Faust* und seinen *Wilhelm Meister;* denn trotz seiner exceptionell günstigen Erziehung & Bildung war er weder in seinem Werk noch in seinem Leben der Künstler, der Jesus in dem seinigen gewesen ist; und dennoch dünkt mir, er werde dereinst die vorhandene Macht usurpieren, weil er der Wahrhaftigere von Beiden war. Henry James nun ist sein Apostel in den USA, und folgt ihm auch in so manchen Dingen, die zu akzeptieren schlicht außerhalb meiner Macht liegt. Das leutselige Vergnügen und höfliche Interesse etwa, das Henry James' Männer- und Frauengestalten bei jeglichem Anlaß & hinsichtlich Jedermann an den Tag legen – ein typischer Artikel des Goethe'schen Credo – scheint mir insofern unaufrichtig, als mir scheint, daß mit nichten alle Dinge und alle Personen nun interessant seien; wie auch, daß nicht alle Dinge und Personen angenehm kennen zu lernen wären; und endlich scheint mir, daß es sich bei solcher Angewohnheit um etwas Anerzogenes und Affektiertes handele; und daß eine Geisteshaltung, die dergleichen erzeugt, unbefriedigend ja ungesund fundiert sein müsse – ein erzwungenes Wachstum eben. Auch ich bin mir sicher, daß James Empfindungen übertreibe, die Goethe garantiert irgendwo lächerlich gemacht hat – die typische Bewunderung des Amerikaners für alte Baudenkmäler zum Beispiel. So muß in *Daisy Miller* Winterbourne beim leuchtenden Scheine des Mondes, mit hochgeschlagenem Kragen, dem Colosseum einen Besuch abstatten, und dabei »Byrons wohlbekannte Zeilen« darauf hersagen: das ist genau jene schreckliche Sentimentalität, die den *Werther* ungenießbar macht; jener Goethe, über den Goethe lachte. Nun ist Henry James so gut hinter seinem

Stil verschanzt, daß ich auch ihn im Verdacht haben würde, insgeheim selber über Winterbourne zu lachen; wäre es nicht, daß diese sentimentale Anfälligkeit für das Historische und Pittoreske in seinen Romanen beständig wiederkehrt. Es gibt noch mehr Streitpunkte zwischen mir und ihm. Daß die Helden seiner Erzählungen, ob Männer oder Frauen, keine Christen sind, dürfen wir mit ziemlicher Sicherheit annehmen, wie auch, daß sie keiner sonstigen deistischen Religion anhängen; dennoch richten sie sich in ihrer Lebensführung nach einem gewissen Moral-Kodex. Es würde mich interessieren, präzise zu erfahren, was Jene unter ›Moralität‹ verstehen; und auf was sie ihr ›Pflichtgefühl‹, ›Ehrgefühl‹ oder ihre ›Achtung vor der privaten Sphäre‹ nun vernunftgemäß gründen. Caspar Goodwood und Henrietta Stackpole sind Paradebeispiele von frommen Mitgliedern der amerikanischen Religion, und, meines geringen Erachtens nach, gänzlich hoffnungslose Fälle. Sie sind genauso randvoller Vorurteile, wie mein Vater; mit dem einzigen Unterschied, daß ihre Vorurteile ein bißchen neueren Datums sind. Nahezu alle Romanciers haben ihre Lieblingsvorurteile, gegen die ich Einwände zu machen hätte. Meredith hat ihrer 2, die immer wiederkehren, und die mir gerade einfallen. Eines davon ist Vernon Whitford. Er ist der Typ des muskulösen jungen Engländers, der dadurch dumme Gedanken austreibt und dafür aufrechte Geisteshaltung erzielt, daß er Langstrecken-Wanderungen vornimmt; (aber vielleicht hat er ja »einen Geist in seinen Füßen«, wie Shelleys ›Indianischer Liebender‹). Meredith' Bewunderung für mageres Fleisch – bei Schriftstellern grundsätzlich das Kennzeichen Derjenigen, die trotz aller Intellektualität eine schwache Stelle haben, deren sie sich bewußt sind; sowie einen Fond an Brutalität, dessen sie sich nicht bewußt sind – wird nur noch von Sir A. Conan Doyle's Anbetung des Berufsboxertums übertroffen. Dergleichen Bewunderung ist grundverschieden etwa von Michelangelos

Körperverehrung, die überwiegend die Verehrung schöner Formen war. Die hier ist nicht einmal die Verehrung athletischer Schönheit – in solchem Schwergewichtlertum ist nichts athletisch schönes – sondern nichts als jene fleischliche Stupidität, die ich bei mir selbst die ›Radfahrer-Mentalität‹ nenne. Besteht doch die Gefahr, daß solche Leute tatsächlich in letzter Instanz ihre Körper vorziehen; obwohl, sobald ihr Geist ihren Körper ihrem Geist vorzieht, jeder Verständige dann zustimmen muß, daß sie schlicht recht haben. Ich habe mir übrigens angemerkt – wenn ich das Menschenmaterial, das zum Bull Wall schwimmen kommt, so musterte – daß man ihre absolute Durchschnittlichkeit ebenso leicht am Ausdruck ihrer Körper erkennen kann, wie an dem ihrer Augen. (Im Vorbeigehen sei's festgehalten: Frauen hassen muskelbepackte Männertypen.) Meredith' zweite Stupidität besteht in seiner Einstellung zu Jungen. Er ist der Ansicht, daß Jungen einzig & allein obliegt, nicht zu lügen, fleißig Pudding zu essen, und die Rute zu bekommen: Rutenstreiche, sagt er, seien die beste Kur für morbide Empfindlichkeit.

(Hierbei fällt mir etwas ein. Ich erinnere mich, daß vor vielen Jahren, in Belvedere College, ein kleiner Junge die Schule geschwänzt hatte und erwischt worden war. Ein Jesuit, Pater Ryan, war der Klassenlehrer, und er nahm auch die Züchtigung damals vor. Am Vormittag hatte Ryan ihn also verprügelt; am Nachmittag, zur Lunch-Zeit, kam Ryan dann lächelnd & mutwillig im Klassenzimmer auf den Jungen zu gegangen. Ryan lächelte sonst selten, und mutwillig war er nie. »So, da bist Du also weg geblieben, weil Du Angst vor mir hattest, was?«, sagte er, und fing an, den Jungen zu kitzeln, bis dieser sich von ihm los zappelte und davon rannte. Ryans Gesichtsfarbe war im allgemeinen blaß, sein Kinn etwas bläulich. Jetzt wurde er rot. – *Notab.:* ich will mit der Erwähnung dieses Vorfalls hier nichts besonderes angedeutet haben.)

Die Hauptbeschäftigung für Jungen hat, nach Meredith' Vorstellung, Sport im Freien zu sein; denn es ist eines der Axiome der Moralhygieniker, daß dadurch jedwede suprapatellare Neugierde wirksam ausgetrieben werde. Ich kann mir immer nicht vorstellen, wieso diese Einfaltspinsel erwarten, Fußball werde sich als das Attraktivere erweisen in der Konkurrenz mit den weichlichen Lenden junger Mädchen, und deren weißer Unterwäsche, noch warm von ihrem Fleisch; es sei denn, sie setzten voraus, Jungen würden mit einem Sprung zu älteren Männern, ohne jemals die verkrampften und pervertierten Wollüste des Pubertätsstadiums durchlaufen zu müssen. Sicher, Meredith spielt wohl auch auf jene Lebenssaison an, ›wenn die Äpfel reif sind‹ – Jim begriff übrigens zuerst nicht, daß das auf die Adam-&-Eva-Affäre gemünzt sei, bis ich ihn daran erinnerte – und das ergibt ja einen so köstlichen Witz, daß man ihm dafür wiederum jedweden Betrag an Vernageltheit vergeben kann; aber alles in allem genommen möchte ich doch sagen, daß seine Vorurteile dümmlicher sind, als die von James.

Über Henry James' Männern & Frauen liegt es immer wie eine gewisse Geschlechtslosigkeit, und vielleicht ist das der Grund, warum er als Dichter nicht entfernt mit Meredith zu vergleichen ist; auch ist er nie der Liebende, der Meredith sein kann. Er eliminiert völlig dasjenige, was gewisse französische Witzblätter so gut und mit so wenig Blödigkeit behandeln. Was die Verschiedenheit der Geschlechter und die daraus entspringende Eigengesetzlichkeit angeht, so kommt er nur ganz selten, in andeutend umschreibenden Phrasen darauf zu sprechen, und man könnte seine Männer & Frauen durch die Bank bezichtigen, für den Gebrauch zu dem sie bestimmt sind, zu zimpferlich geworden zu sein. »So mancher dieser erfreulichen Eindrücke« schreibt er, »verweilt wohl noch in den Gemütern unserer Reisenden; begleitet von einem Gefolge harmonischer Bilder; Bilder von funkelndem Frühlicht auf Rasengrün, oder Piazzas mit weiter Aussicht auf das Meer, Scharen unzähliger hübscher Mädchen, unermeßliches behagliches Umherliegen & Plaudern & Lachen & Flirten & Lunchen & Dinieren« – aber genau hier liegt eben der Haken. Ich halte dafür, daß es Menschenmännchen mit gesunden Sinnen einfach unmöglich ist, Mädchen so zu betrachten und zu behandeln, als wären es hübsche Teetassen. Er kann mich mit seinem sommerlichen Ferien-Treiben nicht interessieren. Das Leben, was er in Newport vorführt, ist hübsch, ist abgesperrt, ist steril – wenn ich darauf herniederschaue, bekomme ich ein Gefühl, wie Gulliver in Lilliput. Dabei ist er wesentlich irreligiöser als Meredith. Meredith schwatzt mir ein wenig zu geläufig über Gott. ›Gott‹?, das wäre etwas so Verborgenes, daß das Wenige, was darüber allenfalls vorgebracht werden kann, in den Zuständigkeitsbereich der Philosophie zu verweisen ist. Was Meredith über unsere ›Erste Ursache‹ vorzubringen hat, ist freilich nicht von dieser Art; sind vielmehr unverzeihliche Sentimentalitäten über einen besseren älteren Herrn mit Vollbart, der im Himmel wohnhaft ist, und erstaunliche Ähnlichkeit mit seinem eigenen Großvater hat. Dergleichen gibt es bei James nun allerdings nicht; er satirisiert sämtliche religiöse Glaubensartikel mit seiner gewohnten wohltemperierten Urbanität. Es ist schwer zu glauben, daß er es ganz ernst meint, wenn er etwa bei der Schilderung vom Tode des jungen de Bellegarde (im *Amerikaner)* schreibt, daß die Tür geöffnet wurde, um Irgendjemanden hereinzulassen, »worauf Monsieur le Curé erschien, in der Hand einen, Newman unbekannten, Gegenstand, der mit einer weißen Serviette verhüllt war.« Oder, in *Daisy Miller:* »›Mein Vater ist nicht in Europa; mein Vater ist an einem viel schöneren Ort als Europa.‹ Winterbourne mußte einen Augenblick denken, daß dies womöglich die Art sei, wie man das Kind gelehrt hätte, anzudeuten, daß Mister Miller in das himmlische Freudenreich entrückt worden sei? Aber Randolph fügte sofort hinzu: ›Mein Vater ist in Schenectady‹.« Etwas ernsthafter beschreibt er dann einen französischen Herrn aus alter Familie so: »›Savoir vivre‹ – reife Lebenskunst – war seine Spezialität, was für ihn auch die Kunst zu sterben mit inbegriff; obschon Newman mit einer guten Portion dumpfer Gereiztheit denken mußte, daß Jener, was sein Wissen über speziell diesen Punkt anging, recht geneigt schien, die praktische Ausführung Anderen zu übertragen.« Henry James' Denkweise ist sozialistisch; aus der Kloster-Episode im *Porträt einer Dame* spürt man eine Mißbilligung heraus, hinter welcher Jahre klaren, gesunden Denkens stehen. Indem er die Stimme einer Nonne beschreibt, sagt er: »sie schlug wie mit Bleigewicht an Isabels Ohr; sie schien die Kapitulation einer Persönlichkeit auszudrücken, und die Autorität einer Kirche«. Henry James tut keiner anderen Kirche Erwähnung, als jener Katholischen Kirche, die auch ich kenne; und er scheint sie sich deshalb ausgesucht zu haben, weil es sich bei ihr um die alte feudale Kirche handelt, die traditionelle Kirche, die aristokratische Kirche, die aufs kompromißloseste monarchisch ist. Näher kommen wir seiner persönlichen Meinung davon mit dem Newman im *Amerikaner!* Anläßlich einer Messe in der Kapelle des Klosters, wo Madame de Cintré nunmehr eingesperrt sein wird, »sah Newman ihren Kniebeugungen und Verdrehungen mit einer ingrimmigen stillen Feindseligkeit zu; sie Alle wirkten wie Anstifter und Helfershelfer bei Madame de Cintré's Desertion; sie Alle summten jetzt Triumph unter so mancher Mundgaukelei – (ein klagender Schall eigentlich). Es war der Gesang der Karmeliter-Nonnen, ihre einzige Art menschliche Laute hervorzubringen. Es war ihr Trauerlied über ihre zu Grabe getragenen Gefühle – . – Es war fürchterlich; da es weiter anhielt, empfand Newman, wie er allmählich seine ganze Selbstbeherrschung zusammennehmen mußte. Er wurde immer aufgewühlter; er fühlte, wie ihm Tränen in die Augen traten. Zuletzt, als ihn mit all seiner entfesselten Gewalt der Gedanke überkam, daß dieses verworrene, unpersönliche Klagegeheul nunmehr das einzige sei, was er oder die Welt, vor der sie fahnenflüchtig geworden war, jemals noch von einer Stimme vernehmen würden, die er als so süß empfunden hatte, da fühlte er, daß er es nicht länger ertragen könne. Er erhob sich brüsk, und bahnte sich den Weg ins Freie.« Das zentrale Gefühl, auf dem Meredith am lautesten herumharft, ist die Liebe; bei Henry James ist es die Freiheit. Immer wieder erscheinen Sätze, die Einen aufs erregendste mahnen, der Freiheit zu gedenken. In der Art, wie seine Gestalten von ihrer Freiheit Gebrauch machen, tut sich ein feiner und ungewöhnlicher Mut kund; aber in Krisensituationen scheint sich irgendwie eine schreckliche Lähmung über sie zu legen. Diese ganzen Amerikaner scheinen ihre Nation als ein Experiment zu betrachten, auf dessen Resultat sie recht stolz sind, und Freiheit als ihre eigentliche National-Religion. Und die amerikanischen Mädchen scheinen sich ihres Geburtsrechtes noch mehr bewußt zu sein, als die amerikanischen Männer; sie verlangen und üben Freiheit in Gefühlen und im Umgang, während ihre Männer auf politischem Gebiet arbeiten. Ihre Vorstellung von dem sogenannten ›Flirten‹ verstehe ich nicht, und nicht ihr Beleidigtsein, wenn das Wort ›Liebe‹ fällt. Falls sie sich einbilden sollten, daß Freundschaft & Vertraulichkeit mit Männern möglich sei, ohne daß sich auch Begierde einstelle, dann täuschen sie sich. Sie zeigen beträchtlichen Mut, wenn sie nach Europa kommen, und hier ihre diesbezüglichen Experimente mit solcher Gründlichkeit und jeglicher Konvention ins Gesicht hinein anstellen; aber von Erfolg kann doch nur die Rede sein, weil sie sich das trotzig einbilden. Ich habe keine Ahnung, was für Befriedigung ihnen ein solcher Pyrrhus-Sieg gewähren könne. Dennoch scheint mir – immer vorausgesetzt, daß man Henry James trauen dürfe

– daß Amerika mehr von seinen Frauen zu hoffen habe, als von seinen Männern. Freilich, mit Tolstoj oder Turgenjeff verglichen, hat Einem weder Henry James noch Meredith sonderlich viel zu sagen; *Herr und Knecht* hätte Keiner von ihnen entwerfen & ausführen können. –

›Billy Byrne‹ hat eine feine, drohende Weise.

Nahezu verrückt machen mich, während ich hier bei offenem Fenster schreibe, die Hunde & die Kinder. Daß die Zeitungen noch keine Leserbriefe über die Hunde im Cabra Park gebracht haben, ist zum Verwundern. Sie bellen den ganzen Tag über, und den größten Teil der Nacht auch noch. Für einen Kranken wär' es einfach unerträglich. Ich, der ich Lärm ebenso hasse, wie ich Gestank hasse, habe dennoch seit endlosen Stunden 3 Hunde ertragen, die einander aus Hinterhöfen unermüdlich antworten, vereint mit dem »Lalla-Hú-Huuuh!« von Kindern. Es ist 1 meiner ebenso heimlichen wie unrealistischen Herzenswünsche, den Hund von nebenan zu erschießen. (Hunde und Kinder empfinden Abneigung gegen den Haushalt, in dem sie aufgezogen worden sind – sehr begreiflich.)

13. Oktober 1904

Wenn ich unsteten Gemüts bin, gehen mir alte Männer wie Pat Casey besonders auf die Nerven. Sie sagen dann genau die Sachen, mit denen ich mich im Geiste gerade herumschlage; während ich ihnen aus Höflichkeit dennoch zuhören muß, ja, ihnen durch mein Zuhören womöglich noch beizustimmen scheine.

Pappie hatte sich von Temple, dem Besitzer der ›Hütte‹, 2 £ gepumpt; sofort diverse Runden ausgegeben, währenddessen eine gute Stunde lang von alten Zeiten erzählt, und mir, der ich draußen vor der Kneipe auf ihn wartete, schüttelte inzwischen Pat Casey die Hand. Er hielt meine Hand fest; und etwas von meiner Unrast schien sich dadurch auf ihn zu übertragen, denn sein Blick irrte ständig auf die Giebelwand gegenüber ab, während er wunderlich & abwesend mümmelte:

»Also Auf Wiedersehn – ä-ä – auf Wiedersehn, mein lieber Junge – und-ä-ä – gib Du etwas auf Dein' Vater acht, jetzt wo James weggefahren ist[1] – laß nichts Trennendes zwischen Euch treten – ich darf Dir das ja sicher sagen – als alter Mann-ä, der mit einem jungen spricht – ich weiß-ä-ä, mein lieber Junge – ich weiß-ä, wie Euer Vater Euch Alle liebt – er hat viel durchmachen müssen im Leben-ä – und da liegt es Dir ob, acht auf ihn zu geben, mein lieber Junge – und-ä-ä gebe GOtt-ä – gebe GOtt Euch allesamt Wohlergehen -ä – und auf Wiedersehen jetzt, mein lieber Junge–« und immer so fürder, mit schwerer Zunge & auf Platt.

Da mir der unmittelbare Anlaß solch Guten Rates nur zu bekannt war – nämlich die ›Runden‹, und die alten Geschichten, und Pat Casey's eigener anhaltender Kampf mit der Armut – so fiel er mir, zumal bei meiner Gemütsstimmung, in der er mir erteilt wurde, äußerst beschwerlich. Ich lächelte aus Leibeskräften, trat von einem Fuß auf den andern, und flocht immer wieder ein »O ja« ein, und »Selbstverständlich«, und »Aber nicht im geringsten«, und »Auf Wiedersehen«. Wenn es etwas noch langweiligeres gibt, als gelangweilt zu werden; dann ist es das: gelangweilt zu sein, und gleichzeitig mühsam den Interessierten mimen zu müssen. Ich stand wie auf Nadeln; und verfiel zuschlechterletzt darauf, mir, wie ein kleiner Junge dem man gerade den Hintern aushaut, ständig das eine vorzusagen: daß diese Heimsuchung nach menschlichem Ermessen sehr viel länger nicht mehr dauern könne. Deshalb hatte ich auch keine Zeit, über die nackte Unverfrorenheit seiner Platitüden zu erstaunen, ehe ich ihn los war. Die Formulierungen waren

1 H: James & Nora hatten Dublin am 8. Oktober mit dem Schiff verlassen.

trivial und verschwommen gewesen, eben die Formulierungen eines trivialen und verschwommenen Gehirns; aber eben ihre zähe Erpichtheit hatte mir beträchtlichen Eindruck gemacht; und ob sie mich auch nicht entfernt überzeugt hatten, vermochte ich sie doch nicht einfach resolut beiseite zu schieben.[1] Wenn ich Pappie mit Abneigung begegnete, würden Leute dieses Schlages ein großes Geschrei erheben, Jim würde es mißbilligen, und ich selbst würde es nicht billigen; denn meine Abneigung gegen ihn hat sich, obwohl ausgesprochen selten, als unstabil erwiesen. Überdies bewundere ich Diejenigen, die ihren Vätern mit Respekt begegnen; obschon ich sehr wohl weiß, daß seinen Vater zu ehren nur eine feinere Art ist, sich selbst zu ehren.[2] Nein, ich bin nicht gern in Pappies Nähe; und wenn ich mich nach dem ›warum‹ frage, vermag ich mir nicht vorzumachen, daß ich ihn gern hätte. Wie schnöde abhängig ich doch von den Urteilen Anderer bin; und wie sehr ich die versteinerte Stupidität alter Männer hasse! Ich vermeide es, Pat Casey auf der Straße zu begegnen, und kann ihn nicht leiden, in einem Grade, daß es an Ekel grenzt; obschon er behauptet, mich sehr gut leiden zu mögen. Tut mir leid.

Ich merke oftmals, daß, während ich mich mit Leuten unterhalte, ich mein ungünstiges Urteil über sie solange gleichsam außer Kraft setze.

Schweigend zuzuhören, wie ein Anderer ißt, ist äußerst unangenehm.

Die Welt ist voll von Dingen, die ich nicht begreife; und unsere Illustrierten und Zeitschriften fallen mir aufs unerträglichste dadurch zur Last, daß sie mich immer wieder daran erinnern; und dann auch, weil ich ganz klar sehe, daß

1 N: Außerdem ist Pat Casey (zubenannt ›von Paris‹) ein alter Mann mit ein paar erstarrten Ideen; insgeheim ein Ungläubiger (glaub ich) wie ich selbst; und außerdem Einer, der als Fenianer & Verschwörer seinerzeit ins Ausland emigrieren mußte.

2 AdÜ: vgl. MBH, S. 310.

die diversen Mitarbeiter sie nicht um 1 Deut besser begreifen, als ich; sondern lediglich unter dem Gesichtspunkt des neuesten Schlagwortes darüber schmierakeln. Denn der Stil dieser Artikel ist im allgemeinen erbärmlich. Die Mitarbeiter scheinen sämtlich von der Sucht beseelt, feinsinnig oder malerisch zu schreiben, und diese Sucht ist vielleicht der größte Feind eines guten Stils.

Ich liebe den Müßiggang; hasse es aber, zum Müßiggehen genötigt zu werden.

Dieser Schmerz ist die allerplumpste Tyrannei der Natur! Ich gehe mit kleinen Schritten über den Asfalt, indem ich mit den Außenkanten der Füße auftrete; denn Schmerz durchbohrt mir die Eingeweide wie eine eiserne Stange, und sie stoßen brennendes Gas aus. Leute flitzen auf dem Fahrdamm an mir vorüber. Die Schuppen scheinen von meinen Augen gefallen zu sein, und ich nehme sie mit der unnatürlichen Klarheit des Kranken wahr. Sie wirken nicht wie menschliche Gestalten; ihre Körper scheinen gewichtslos, und sie schwinden nicht infolge ihrer eigenen Bewegung aus meinem gespannten und überforderten Gesichtsfeld, sondern wie Geister bei hellem Tageslicht. Das Gerumpel eines Kohlenwagens, der mit scheppernder Glocke an mir vorbei fährt, explodiert mir krach-bums vorm Trommelfell. Ich werde über & über heiß. Ich bin am Ersticken. Noch 1 Moment, und ich schreie sie Alle an! – Nein, nicht 'mal grunzen werd' ich. Der Schmerz beginnt langsam nachzulassen. Jetzt wird mir ganz kalt. Also das ist ausgesprochen angenehm; denn das Nachlassen stechender Schmerzen ist eine der angenehmsten Erfahrungen – ein Platonisches Vergnügen. Ich vergesse beinahe des Schmerzes, den mein Körper doch vor nur ganz wenigen Sekunden empfunden hat; denn das Gedächtnis unsrer Sinne ist kurz; ausgenommen, daß er noch wie ein dumpfes Feuer in mir nachwirkt, und mir eine Art Zittern zurückgelassen hat. Wiederkehren wird er; aber wie bald? In wieviel Sekunden? In 30? In

1 Minute? Wieviel Mal noch, bevor ich unser Haus erreiche? Und schon naht er wieder; und ich renne schier vor ihm weg, wie wenn er mich objektiv jagte, und nicht in mir wäre.

Ich bin gerade mit Kipling's *Schlichte Geschichten aus den Bergen* zu Ende. Es ist das erste Buch von Kipling überhaupt, das ich gelesen habe, und ich bin schwer enttäuscht. Ich komme fast zu dem Schluß, daß es mehr Talent erfordern müsse, bedeutende Kurzgeschichten zu schreiben, als einen guten Roman; denn es ist mir schon mehrfach aufgefallen, wie gute Romanciers bei der Kurzgeschichte versagen. Kipling ist gescheit, aber ansonsten geistig absolut durchschnittlich; ungefähr wie Mick Manning[1] vom *Herald*, oder auch wie Pappie. Er gehört zu jenem geistigen Typ, der über einen ausgeprägten Sinn für die Gegebenheiten des gesunden Menschenverstandes und der gesellschaftlichen Konventionen verfügt, und er ist ebenso unangenehm wie jene. Seine Geschichtchen sind miserabel geschrieben; in einem Stil, der halb komisch ist, halb satirisch, und immer im Unterhaltungston. Sein Gesichtspunkt ist der des verheirateten Vadder Vernünftig. Er scheint seinem Leser ständig einschärfen zu wollen: »Ich bin älter als diese jungen Leute, von denen ich erzähle; habe ein Stückchen mehr von der Welt gesehen als sie, und kenne den Rummel also. Ich bin ebenfalls jung gewesen, und hatte seinerzeit wohl auch mal solche Ideen; aber auf lange Sicht ist der Standpunkt des gesunden Menschenverstandes die einzige richtige Art, die Dinge zu sehen.« Sein Buch ist eine Kollektion von Anekdoten, nicht von Erzählungen. Ich muß dabei immer an Pappies anekdotische Erinnerungen denken. Genau wie er informiert auch Kipling Einen andauernd, wieviel Rupies sein Held pro Monat verdiente, was er von Beruf, und inwiefern er tüchtig in ihm war. Aber Pappie gibt überdem auch sein Aussehen & seine Figur, imitiert sein Benehmen & seine Stimme, und verzerrt ihn ins Burleske.

1 AdÜ: vgl. FW, S. 31 und 447.

Kipling kneift gönnerhaft ein Auge zu, und moralisiert über seine eigenen Geschichtchen à la ›Es gibt schließlich noch mehr Methoden ein Pferd so zu reiten, daß es Einem in den Kram paßt, ohne daß man ihm auf der Geraden das Genick bricht. Wie allgemein bekannt ist. Aber Dem-&-Dem durfte man mit sowas natürlich nicht kommen. Der war viel zu schlau. Ich habe mal Einen gekannt – aber das ist eine Geschichte für sich. – Eines Abends kam dann der große Krach. Wie's zu erwarten gewesen war. Als der Hauptlärm dann vorbei war‹ undsoweiter undsoweiter. In solch schludrigem Unterhaltungston besteht sein Stil. Auch redet er um eine entscheidende Spur zu viel von Pferden, als daß er mir gefallen könnte:

»:›Hatte den Sieg doch schon glatt in der Tasche,
und stürzt in der Zielgeraden noch? Oh, die Flasche!‹ –
Eh' Ihr das Jungpferd so höhnt, mögt Ihr fragen:
Wie war sein Reiter? Was hatt' er zu tragen?
Hat man vom Start weg die Peitsche mißbraucht?
Hat schweres Schicksal das Kreuz ihm gestaucht?«
(Aus *Handicap des Lebens*)

Dergleichen Pferdestall-Sentimentalität treibt Typen vom Schlage Pappies die Tränen in die Augen; ist so recht englisch, und sagt Engländern höchlichst zu. 1 oder 2 davon könnte man echte ›Geschichten‹ nennen, (der Titel ist noch das beste am ganzen Buch). Mir gefällt ein kleiner Teil von ›Über die Grenze‹; aber das Ende verläuft wiederum, wie bei allen andern Stücken, in Geplauder & Anekdotenkrämerei. Ich glaube Moore[1] war es, der Kiplings Handhabung des Englischen mit der von Shakespeare verglichen hat – ich bin ganz erstaunt. Ich habe Moore fast im Verdacht, darauf gekommen zu sein, weil er so viele Slang-Ausdrücke und Anglo-indische Wendungen im Wörterbuch hat nachschlagen müssen.

1 AdÜ: Gemeint ist George Moore, (1852–1933).

Mir ist ein feines Kompliment gemacht worden, und zwar von einem Besoffenen. Er erklärte mir, er habe mich schon oft mit Pappie zusammen gesehen; und erkundigte sich dann, ob ich viel gereist sei? Ich sagte, ich sei noch nie in meinem Leben gereist. Er schien über die Maßen erstaunt; und sagte, er hätte gedacht, ich müßte 'mal lange Zeit im Ausland, auf dem Kontinent drüben, gelebt haben. Ich versuchte ihn zu überzeugen, daß er mich sicher mit Jim verwechsle. Aber er blieb bei seiner Behauptung; mit der Beharrlichkeit des Betrunkenen, der immer nur 1 Idee zur Zeit festhält. Er sagte, er kenne Jim ganz genau; und Pappie hätte ihm auch erzählt, daß Der ein paarmal in Paris gewesen sei, nein nein. Ergo gab ich nach; und erkundigte mich lieber, was ihn auf den Gedanken gebracht hätte, daß ich weitgereist sei – etwa mein Akzent? »Oh, nich' doch – Ihr Benehm'! Ich schloß aus Ihr'm Benehm', daß Sie ziemlich viel gereist sein müßten.« Herrjee: *Mein Benehmen!!!* Zum ersten Mal in meinem ganzen Leben interessierte mich ein Besoffener. Das Kompliment war umso feiner, als ich mir ganz sicher bin, daß es völlig unvorbereitet erfolgte.

Dezember 1904

Wir schreiben nunmehr Dezember; und das ganze vergangene Jahr hindurch ist in diesem Hause praktisch von Hunger-Rationen gelebt worden. Das Frühstück war, falls überhaupt, dann immer sehr schmal; Dinner entfiel, wie auch der Tee; und so gegen 7 Uhr abends beginnt mir das Haus unerträglich zu werden, und ich gehe aus, in die Stadt 'runter. Sehr häufig begegne ich auf diesen Promenaden Burschen, die in Belvedere in derselben Klasse mit mir waren, und die gerade aus dem Geschäft heimkommen. Sie sind unverkennbar nützliche Mitglieder der menschlichen Gesellschaft geworden, da man sie einer Bezahlung für wert erachtet. Wogegen ich, mit 1 Wort, ein Müßiggänger bin, oder, falls man das vorzieht, ein Bummler. Ich lebe auf Basis der recht mageren Kost des Müßigganges, und bin mir des Unzureichenden derselben zur Zeit sehr bewußt; während ich mich doch gleichzeitig damit belustige, mir die häusliche Sicherheit auszumalen, zu der Jene itzt zurückkehren – die Frucht ihres Fleißes. Sie sind Gläubige; ich bin ein Ungläubiger. Ich gedenke der abgedroschenen Moral, welche die vulgären Priester, die Jesuiten, sie, die einst meine Herren waren, prompt aus meinem Fall ziehen würden. Mein Geist muß heute sehr lax und meine Gedanken schon sehr planlos sein, da ich mir dergestalt faul & gänzlich unernsthaft erlaube, die Möglichkeit zu durchdenken: möchte ich mit Ihnen wohl tauschen? Ich bin nicht übermäßig clever; aber stupide bin ich auch nicht. Ich vermöchte durchaus die sogenannten Häuslichen Tugenden zu kultivieren, das Handtuch in den Ring zu werfen, und ein nicht-ganzdurchschnittlicher Bürger zu werden. Was schwebt mir eigentlich im Endeffekt vor, das ich mit diesem-meinem Organträger, Kopf genannt, anfangen möchte? Aber wenn mein Geist auch vorübergehend lax war, plötzlich schwingt er sich auf, und ich bin wieder froh; denn ich möchte eben *nicht* mit Jenen tauschen. Ich habe dabei nicht etwa ein Gefühl der Sicherheit. Falls Jene im Recht sein sollten, dann verliere ich Alles. Falls ich im Recht sein sollte, erfahren Jene eigentlich keinerlei Beeinträchtigung. Schön; sehe ich meinethalben dem Tatbestand ins Gesicht, daß meine Politik eine schlechte Politik sei; aber es stünde nicht in meiner Macht, mit Jenen zu tauschen, selbst wenn ich das wollte. Ich kann ihnen ihre Fragen nicht beantworten; aber ich nehme ihnen weder ihre gesegnete Fabel von Jesus Kristus ab, noch die von der Kirche, die sie auf eben diese Fabel gebauet haben; und ob ich schon gänzlich ohne Grundsätze bin, und mich selbst der Unbeständigkeit bezichtige, will mir doch ein Gefühl für persönliche Ehre nicht erlauben, nur um des lieben Fortkommens in der Welt willen zu ›glauben‹. Dies immer neue

Betonen meines unerschütterlichen Glaubens an den Unglauben, scheint mir nichts Unwürdiges. Sie halten mich von sich aus an – vielleicht, weil sie mich als putzigen Kunden betrachten, stell' ich mir vor – denn ich von mir aus stehe fast nie still, um einen von ihnen anzureden. Da kommt also irgend so ein tollplotschiger Idiot auf mich zugetappt, und grinst breit über sein ganzes naja Gesicht. (Ich selbst hätte es vorgezogen, zu nicken, und stumm vorbeizugehen.) Und dennoch (wie Pappie sich ausdrücken würde) stehe ich unversehens da, und plaudere, wie wenn ich die Zeilen einer vorgeschriebenen Rolle hersagte; ein mechanisches Hin- und Herwenden von Formeln & Frasen:

»Hallo, Joyce!«

»Hallo Dodd. Wie steht's, wie geht's? Schwer beim Studieren für die Prüfungen dieses Mal?«

»Ja. Aber nicht allzu schwer, weißt Du.« *(indem er mir bedeutsam zulacht):* »Hab' ja noch 2 andere Chancen.«

»Oh, siehe da! Also grade schwer genug, um durchzufallen?«

»Ja.« *(er lacht).*

»Aber mit Ehren doch?«

»Oh, nur mit Ehren; selbstverständlich!« *(er lacht)*

»Aha. Na, das ist recht. – Also: bis zum nächsten Mal.«

Uff! Der Gegenstand! Der Narr! Der Schwachkopf! Hast Du darauf geachtet, wie es hinten in seinem langen Hals kicherte, vor Freude, daß er leben darf? Der verdammte Strauß!

Manche Frauen lernen erst nach der Hochzeit, was Liebe ist. Mutter hat meines Erachtens zu dieser Zahl gehört.

Jim las diese meine Notizen, als er nachhause zurückkam.[1] Er warf sie ohne ein Wort wieder hin. Verwünschte

1 H: D. h. nach dem 19. September; als James, nachdem er den Sommer über anderswo logiert hatte, wieder nach St. Peter's Terrace heimgekehrt war.

mich jedoch im Spaß, weil ich darin nichts über ihn selbst & Nora geschrieben hätte; und amüsierte sich später damit, daß er einiges daraus parodierte. (Seine Parodie bestand ungefähr in ›Geh ich so durch die Straßen, / denk ich wohl dies & das‹, undsofort.)

Ruskin hat, wenn ich mich nicht irre, einmal gesagt, daß die wahre Probe eines Menschen und an was er glaube, die wäre: was er tun würde, wenn man ihm sagte, daß er in ein paar Stunden tot sein würde. Den Pfaffen gefällt solcher Tinnef natürlich mächtig; ich ziehe die Antwort vor, die Sankt Stanislaus gab. Eines Tages hatte man ihn hinausgeschickt, um mit den anderen Novizen Ball zu spielen. Während sie so spielten, fragte Einer davon, was er tun würde, wenn man ihm jetzt mitteilte, daß er in 1 Stunde sterben müsse?: »Ich würde weiter Ball spielen«, erwiderte Sankt Stanislaus. Ich schätze diesen faden kleinen Heiligen ansonsten nicht; aber bei diesem einen Anlaß scheint mir sein Gehirn doch mit beachtlicher Unterscheidungskraft gearbeitet zu haben.

Jim hat einen Teil der irischen Literatenclique dadurch gegen sich eingenommen, daß er laut seine Abneigung gegen Arbeit, wie auch seinen Entschluß erklärt hat, sich damit nur zu befassen, wenn er unbedingt muß; wogegen Colum am höchsten in ihrer Gunst steht, weil er ein so emsiger kleiner Poet ist, und emsige kleine Gedichtchen verfertigt. Diese Leute übersehen völlig, daß Jim's Müßiggang von größerer Wichtigkeit ist, als Colum's Arbeit; weil Jim eigentlich nie müßig ist – es sei denn, er studiere für ein Examen – vielmehr pausenlos & aufs höchste spirituell lebendig.

Ich werde diese Aufzeichnungen künftig ›Mein Schmelztiegel‹ nennen; weil ich mich vermittelst ihrer zu läutern versuche, und das, was fein in mir ist, von dem Plumpen in mir zu scheiden.

Sobald Charlie sich abends zum Ausgehen anschickt, legt

Pappie los; »Wo gehst 'nn Du hin, Schaar-lih? Hoffentlich doch ja zu'n Murray's runter, wie?« – und weiter in diesem Sinne. »Zu ihn'n runter gehen, um womöglich 'n Glas Porter rauszuschinden, eh? Porter nuckeln, das 'ss das einzje was De kannst. Scheinst sie ja rasend gerne zu haben. Du bist am längsten hier gewesen, Du Höllenbrand von ei'm Verschwender. Kannst ja gehen, und ganz bei'n Murray's bleiben! Kannst gehen und bei ihn'n schmarotzen, wie Dein Bruder schon getan hat«, und noch lange so fort. Charlie nimmt keinerlei Notiz von ihm; sondern geht einfach ab. Dabei geht er niemals zu Murray's runter, wogegen ich beinahe jeden Abend dort bin. Ich komm' mir während eines solchen Auftritts immer furchtbar feige vor; obwohl ich nicht weiß, wie ich dem abhelfen könnte. Wenn Pappie mich fragt, wohin ich denn ginge – was er zuweilen, sehr apologetisch, ebenfalls tut – dann sage ich: »Aus«; oder manchmal auch: »In die Stadt runter«. Ich habe mich nie gefragt, ob er sich wohl denken möchte, wohin ich ginge; hatte aber den dumpfen Eindruck, er wisse es ganz genau. Ich habe Pappie ein- oder zweimal auf der Straße stehen und auf mich warten lassen; während ich zu Tante Josephine nach Aughrim Street hinüber ging, um mich mit ihr zu unterhalten. Ich möchte es als bemerkenswert betrachten, daß ich mich gegenüber Mitgliedern jener Familie, die etwa vorsprechen, beträchtlich anders verhalte als er. Als Jim Murray sich eines Tages unschlüssig war, ob er in das Zimmer gehen sollte, wo Pappie saß, ging ich gleich mit ihm zusammen hinein, und affektierte weit mehr Vertraulichkeit mit ihm, als meines Erachtens zwischen uns existiert; und hätte noch mehr affektiert, hätte ich nicht gefürchtet allzu gönnerhaft zu wirken; und habe am Ende Pappie (der hochgradig betrunken war – sein allerwiderlichstes Stadium) sitzen und seinen Heimweg allein finden lassen, so daß ich gehen und Katsy nach Hause begleiten konnte; wobei ich aufrichtigst und bei weitem ihre Gesellschaft der von Pappie vorzog. Ich habe mit seinem Wissen Geschenke von Beiden, von Tante Josephine und von Katsy, entgegengenommen; dennoch muß ich annehmen, daß all das unbeachtet an ihm vorübergegangen ist, denn er hat mich noch nie darob beschimpft. 1 oder 2 Mal hatt' ich mir schon gedacht, ob etwa seine Beschimpfungen Charlie's auf mich gemünzt seien?; aber erst neulich hat er gesagt, wie er hoffe, ich ließe mich doch nicht etwa mit diesem schuftigen Freundespack von Jim ein. Ich erklärte, ich hätte seit Monaten Keinen davon mehr gesehen. Nun kann Pappie natürlich auch nur Theater gespielt haben, indem er vorgab zu denken, daß ich jeden Abend den ich ausgehe, mit Jenen verbrächte um mich absichtlich in dem Glauben zu bestärken, er hätte keine Ahnung, daß ich so regelmäßig auf dem North Strand einspräche. Bei Pappie ist schließlich Alles möglich. Wenn er, obgleich er das brennend gern täte, mich nicht beschimpft, dann nur, weil meine Zunge und mein Temperament den seinen mindestens gleichwertig sind; aber falls er sich wirklich so täuschen sollte, dann wäre er wiederum zu stupide & blind, um wahrzunehmen, was Andern vollkommen klar ist – und als stupide & blind habe ich ihn eigentlich noch nie kennen gelernt. Ich habe auch schon daran gedacht, ich sollte einfach sagen: »Ich weiß ganz gewiß, daß Charlie *nicht* zu Murray's geht; weil nämlich *ich* beständig zu ihnen 'runter gehe, und er Niemals dort ist«; aber das würde mir irgendwie zu sehr nach ›Erklärung‹ klingen und mir ergo in der Kehle stecken bleiben. Daß er Charlie wegen seines Schmarotzens so ausschimpft, könnte theoretisch, ohne daß ich es ahne, irgendetwas mit meiner Abneigung zu tun haben, von Tante Josephine etwas zu trinken anzunehmen. Zugegeben, ich besiege diese meine Abneigung recht häufig. Aber bei Einem, der so randvoller Zweifel und Unschlüssigkeiten ist, wie ich, haben kleine Ursachen ganz unverhältnismäßig große Wirkungen.

Pappie hat eine schier Byron'sche Erziehung genossen:

das einzige Kind eines einzigen Kindes[1] und Verschwenders; und anschließend der Aufsicht einer ältlichen, verdrossenen Mutter von launenhaftem Temperament überlassen. Wenn ich, spät abends, nach Fairview hinunter und anschließend mit Tante Josephine und Katsy spazieren gehe, bin ich neuerdings von meinem Versuch, nichts als Worte wohldurchdachter Weisheit von mir zu geben, abgekommen. Habe vielmehr angefangen sogar allerhand zu reden, und zwar meistens über Pappie; bis mir eines Abends Katsy, mit ihrer üblichen Schärfe & Unverfrorenheit, obschon im Spaß, erklärte: »So, jetz'ss aber gut, John. Erzähl' nich so viel über Deinen ›Ollen Herrn‹.« Ich konnte mich des Eindrucks nicht erwehren, daß sie wieder einmal mehr Recht gegen mich hätte; und das, zusammen mit dem Bewußtsein, in einer schiefen Position ertappt zu sein, ärgerte mich ein bißchen. Ich verbarg jedoch meinen Ärger, indem ich schön mit ihr tat; denn ich habe gelernt, meinen Ärger zu verbergen; (ja, ich habe den Verdacht, man hat es mir dort bewußt beigebracht). Ich verspüre nicht 1 Gran Zuneigung für Pappie; denke aber dennoch nicht, daß ich ihn unterschätze. Ebensowenig, wie ich denke, ich überschätzte ihn. Was ich über ihn erzählt hatte, waren vollendete Tatsachen. Ich weiß, daß er aus seinem Leben etwas gemacht, und es in gewissem Sinne genossen hat. Ich habe ihn in vielen Phasen beobachtet; habe ihn betrunken beobachtet, habe ihn nüchtern beobachtet, habe ihn beobachtet, wenn er über Geld verfügt und wenn er keins hat; wenn er freundlich mit mir umgeht, und wenn er das nicht tut; und als Endsumme finde ich: daß ich ihn nicht mag. Ich halte es für sehr wahrscheinlich, daß ich von nun an weniger Notiz von ihm nehmen werde.

Ich habe einmal geschrieben, daß ich Jim nicht leiden könne[2]; sehe nun aber ein, daß ich mich verführen ließ,

1 AdÜ: vgl. MBH, S. 49.
2 H: vgl. S. 109 f.

eine Lüge zu glauben. In Bezug auf Jemanden, mit dem wir bekannt sind, dürften wir ja mehr als nur 1 Seite an ihm leiden, bzw. nicht leiden können; wir dürften zum Beispiel den Charakter der betreffenden Person leiden können; und wiederum was er tut, oder die Art, wie er es tut, gar nicht. Jim hatte, bevor ich jenen Satz niederschrieb, vieles getan, was mir mißfiel, und mich gerade einige Male geringschätzig behandelt. Jetzt, wo ich es in Ruhe durchdenke, sage ich mir, daß ich infolge der ständigen, mir gänzlich unbewußt gebliebenen Anforderungen, die Jim's Gegenwart dauernd an meinen Charakter stellte, gereizt gewesen sein werde; aber, mehr als all das: die Vorstellung von Zuneigung zwischen zwei so mißtrauischen und einander gegenseitig so wenig zugetanen Charakteren, widerstand mir damals ebenso, wie sie es in diesem Augenblick tut. Trotzdem glaube ich, daß ich Jim verstehe, und ihn auch ›leiden kann‹, im Sinne von bewundern. Was mein Interesse an ihm anbelangt, so ist es schon chronisch geworden; denn es ist immer meine Gewohnheit gewesen, Jim's intellektuelles Leben möglichst genauso komplett nachzuvollziehen, wie ich es mit meinem eigenen tue.

Ich bin froh, daß ich eine Art Würdigung von Henry James zu Papier gebracht habe; denn er mißfällt mir über alle Maßen. Meine Bewunderung für ihn war eine von diesen eigentümlichen Bewunderungen, ähnlich Edgar Allan Poe's Bewunderung für Lord Tennyson, die Einem dadurch aufgenötigt werden, weil man den Betreffenden so gut versteht; während man ihm gleichzeitig, aus eben demselben Grunde, nicht all die Ehre geben kann, die man eigentlich vorhatte. Ich glaube, ich verstehe Henry James ausgezeichnet, aus einer gewissen Ähnlichkeit unserer Charaktere heraus; und da er mir aus eben diesem Grunde mißfällt, habe ich ihn vermutlich überbewertet, aus Furcht, ich möchte ihn unterbewerten. Damals, als Poe sagte, Tennyson sei der größte Dichter, der je gelebt habe, lag der

Fall ähnlich: er glaubte nicht ganz an das, was er sagte, und wiederholte es deshalb noch einmal in Kursivbuchstaben. Er bewunderte Tennyson äußerst heftig auf diese gezwungene Weise, und riskierte seine Behauptung in der stillen Hoffnung, daß – falls die Nachwelt Tennyson einmal für einen Dichter vom ersten Range ästimieren sollte; von einem Range wie, sagen wir, Shakespeare – die Leute wiederum von Poe sagen würden: ›Nein, was für ein scharfsinniger Kritiker! Und das öffentlich zu erklären, während Tennyson noch am Leben war, tz! Das ist gar nicht so einfach!‹ Unglücklicherweise für Poe's Renommee, scheint die Nachwelt keine sonderliche Eile zu haben, Tennyson begeistert zu preisen.

Meines Erachtens ist das, was Männer, wenn sie betrunken werden, am meisten zur Schau stellen, ihre Eitelkeit; ihre häßliche und stupide Eitelkeit, ihre ungeheuerliche Eitelkeit.

Ich habe einen neuen Vorschlag für Flitterwochen: das glückliche junge Paar sollte ins Bett gesteckt werden, und dort eine volle Woche verbleiben; (die Mahlzeiten werden ihnen hingebracht).

Tolstoj's Rückkehr zur Natur und zum ›Einfachen Leben‹ ist um ebensoviel weniger wert denn die Rousseau's, als eine Überzeugung weniger wert ist, denn eine Leidenschaft. Ich habe Tolstoj eine zeitlang für einen Hochintellektuellen gehalten, jetzt wirkt er mir nur noch clever. Ungleich Saul, dem Sohn des Kiš, scheint Tolstoj mir ausgezogen zu sein, ein Königreich zu suchen, dafür aber seines Vaters Esel gefunden zu haben.

Ich betrachte diese Aufzeichnungen mit Mißvergnügen, weil ich weiß, daß nicht 1 einziger Gedanke meines Geistes an & für sich selbst interessant ist; und ich werde dennoch gereizt, wenn ich nicht jeden einzelnen davon exakt formulieren kann, sei er noch so tumultuarisch und inkonsequent; denn ich werde die Vorstellung nicht los, sie könnten irgendwann einmal experimentelles Interesse haben.

Zweierlei habe ich Jim beigebracht: Pfeifen und Fluchen.

Es geht die Legende, daß, als Christus geboren wurde, sich eine Stimme in Griechenland habe hören lassen, die sagte: »Der Große Pan ist tot.« D'Annunzio verkündet: ›Nein; der Große Pan ist mit nichten tot!‹; ich würde dafür vorschlagen, Christus ist es.

Ich habe das *Decamerone* des Giovanni Boccaccio zweimal ganz durchgelesen, und viele Einzelnovellen daraus noch weit öfter, in Stunden, wo ich Appetit auf wollüstige Literatur hatte. Jetzt, bei meiner letzten Lektüre, mißfielen sie mir eigentlich; denn der Genuß ist nicht elegant genug für meinen Geschmack, möchte ich sagen. Um gleich die Wahrheit zu gestehen: sehr aufgeregt haben sie mich nie; ich habe sie nie als Novellen der Wollust betrachtet. Was meine Aufmerksamkeit hauptsächlich gefesselt hat, war einmal die reine Technik des Erzählens; und dann die Lebensweise jener Zeit, die darin geschildert ist. Ich habe sie in englischer Übersetzung gelesen, (obschon man es in der 1 Geschichte für dezenter erachtet hatte, eine ganze Seite auf Französisch zu geben), und der ganze Ton & Stil war folglich Übersetzerenglisch. Einige der Novellen habe ich gern, manche sogar sehr gern; einige davon sind witzig, oft gibt er der Geschichte eine witzige Wendung; ich bewundere das Bild italienischen Lebens, das er in mehreren liefert, auch die Natürlichkeit und Freiheit der Seele, die sich in allen ausspricht – aber nach einer vollen Centurie solcher Geschichten möchte ich doch sagen: das Buch ist abscheulich. Ich muß dabei an einen Ausspruch des Paracelsus denken. Paracelsus sagt darin, daß dem Künstler lediglich das eine obliege: das Feine vom Plumpen, das Reinliche vom Unreinen zu sondern. In einem gewissen Sinne könnte man sagen, daß Boccaccio das sehr wohl getan habe; nur leider habe er die falsche Retorte zurückbehalten. Dennoch gebe ich zu, daß mir die Sorte Geschichten, die in Buchhändlerkatalogen unter der Rubrik ›Erotica‹ erscheinen, sehr wohl gefallen – vorausgesetzt, sie sind gut erzählt; wie, zum Exempel, die von Maupassant.

Am meisten schätze ich Instrumentalmusik; mehr als Lieder, mehr als Opern; und das dünkt mich merkwürdig, wo ich doch absolut keine Kenntnisse in Musik habe, ebensowenig von den Instrumenten, und sonderlich viel Gehör besitze ich auch nicht. Hinsichtlich Opern bin ich äußerst schwer zu befriedigen; vielleicht weil mein Gehör so konfuse ist. (Ich schaue mir dabei gewöhnlich die Schultern der Leute unter mir an; damit ich von der Aktion auf der Bühne nichts sehe.) Opern scheinen mir buchstäblich nichts als ›Farcen mit Gekreisch‹, und am besten gefallen mir noch diejenigen, die ganzganz einfach sind, oder die, in denen die Melodie möglichst fremdartig ist. Für die Orchesterbegleitung habe ich keine Liebe; und wenn sie gar die Singstimme schwierig zu hören macht, verabscheue ich sie schlechthin. Ich betrachte sie hauptsächlich – wenn sie nicht allein vor sich hin musiziert, heißt das – als eine reine Begleitung der Sänger. Ich vermute, diese meine Einstellung wird äußerst pöbelhaft, und die Instrumentierung bei Wagner, zum Beispiel, furchtbar intellektuell sein; worauf ich entgegne, daß ich eine schöne volle Stimme jedem ›intellektuellen Sänger‹ vorziehe. Bei Walzern, Polkas, Mazurkas, Chaconnen, Nocturnos, Fugen, Bourrées, Sonaten, ja sogar Ouvertüren, kann ich einen ganz echten Genuß empfinden.

Die Leute finden rasch & leicht Gefallen an Jim, obschon er ein Mensch von seltsamen Anwandlungen ist. Vielleicht liegt es daran, daß er so sehr ›lebendig‹ ist. Mir jedenfalls scheint er diejenige Person in ganz Irland, die am intensivsten am Leben sei. An mir bedrückt mich mein eigener Mangel an Energie; an dem, was man ›Schwung‹ nennt. Ich muß bei mir stets an de Goncourt's Bonmot über Sainte-

Beuve denken, der ›immerfort mit den Zähnen vor Erbitterung darüber knirsche, daß er kein hübscher junger Husarenleutnant sei‹.

Tommy Moore und Waltenfel [1] sind, wie ich habe sagen hören, die beiden typischsten Künstler für den geistigen Durchschnitt; und genauso, wie Moore 1 oder 2 Gedichte geschrieben hat, hat Waltenfel 1 oder 2 Walzer geschrieben.

Januar 1905

Jetzt haben wir Januar 1905, und ich schreibe immer noch an diesen Aufzeichnungen. Sie mißfallen mir im höchsten Grade. Sie sind nicht ehrlich. Wie oft schon habe ich den Entschluß gefaßt, sie zu verbrennen und nichts mehr zu schreiben; aber um einiger-weniger, gelungen formulierter Dinge darin, habe ich sie immer wieder noch verschont. Jeder kluge, erfahrene Leser wird sie als das Gewerkele eines wertlosen Geistes bezeichnen, an dem nichts schönes ist. Aber jetzt, angesichts dieses neuentdeckten Lasters meiner Unehrenhaftigkeit, bereite ich mich dazu, sie fortzusetzen, und sei es nur um meiner Angewohnheit des Müßiggehens und meines verschwiegenen Egoismus willen; obgleich ich keinerlei Hoffnung habe, je in ihnen etwas schriftlich zu fixieren, an dem ich Wohlgefallen empfinden könnte; ist doch mein Dasein zur Zeit, noch mehr als vordem, wie ein schaler Geschmack & eine Leere in meinem Munde.

Ich bin unehrenhaft gewesen. Ein Wort, das mich beschämt, was es doch nicht sollte; denn ich habe keinen Standard für Betragen und keine Grundsätze. Als Tante Josephine mir einmal erzählte, (um mir zu beweisen, daß Onkel Willie mich wirklich leiden könne), wie Jener ein-

1 AdÜ: vermutlich ein Lesefehler des Herausgebers; es kann eigentlich nur der Walzerkomponist Emil Waldteufel gemeint sein.

mal zu ihr gesagt hätte, ich sei ›ein Bursche, der doch noch 'n paar Grundsätze hätte; aber dieser Jim hätte keine‹, da empfand ich darob keine Begeisterung; war ich mir doch der Elemente von Feigheit, Unentschlossenheit und Vorurteilen, aus denen diese meine ›Grundsätze‹ sich zusammensetzen nur allzu bewußt; und konnte mir ganz gut ausmalen, wie kümmerlich mein Leben, legte ich sie zugrunde, verlaufen, und wieviel Vergnügen ich mir würde versagen müssen, hätte ich wirklich das unwürdige und abgeschmackte Ziel, solch Lob zu verdienen. Als Jim davon hörte, schien er es als ein Kompliment, und sei's auch nur seiner Konsequenz aufzufassen. Nun, wo ich darauf vorbereitet bin, zu hören, daß ich keine hätte, fühle ich mich trotzdem immer noch unedel. Mir zu schmeicheln ist schwer, das steht fest. Jim zu schmeicheln ist nicht so schwer; denn ich nehme an, daß, würde ich ihm heute schreiben »alles in allem genommen, besitzt Du doch Beides: Ehre, und eine ganze Menge eigener & eigenartiger Grundsätze« (was, nebenbei bemerkt, nicht mehr wäre, als die schlichte Wahrheit), dann würde er das wiederum als Kompliment auffassen. Was diese Aufzeichnungen anbetrifft, habe ich festgestellt, daß die späteren stilistisch besser sind; sodaß ich vielleicht, indem ich sie schreibe, allmählich wenigstens zu schreiben lerne. Ein oder zwei Mal, während ich einzelne Partien durchsah, habe ich es über mich gewonnen, zu sagen: ›Das ist gut‹.

Jim's kritische Äußerungen über diese meine Notizen sind charakteristisch. Eine davon lautet: »Und da sitzt Du nu hier so rum, kratzt Dich am Arsch, und schreibst solche Sächelchen.« (Er spricht ›Arsch‹ ungefähr wie ›Ärsch‹ aus.[1])

Manche Leute behaupten, ›Du weißt nie genau, was Du leisten kannst, ehe Du's nicht versucht hast‹; mir jedoch scheint, ich würde, was ich zu leisten fähig bin, erst dann

1 AdÜ: vgl. S. 79 f.

wissen, wenn ein Jahr darüber vergangen ist, nachdem ich's getan habe.

Ich gerate siebenmal am Tage in Versuchung, diese Notizen zu verbrennen. Ich habe derlei Versuchung schon einmal nachgegeben, im Sommer 1903, als ich ein langes und ausführliches Tagebuch, das ich zwei Jahre hindurch geführt hatte, verbrannte. Jim hat gesagt, es täte ihm maßlos leid, daß ich's verbrannt hätte; weil es ihm bei der Niederschrift seines Romans [1] von beträchtlichem Nutzen gewesen wäre; und wenn es da tatsächlich von Nutzen gewesen wäre – ja, dann tut es auch mir leid. Tante Josephine, die sich damals gerade längere Zeit bei uns im Hause aufhielt, bat mich, es nicht zu verbrennen; aber ich tat es doch, um mich selbst glauben zu machen, ich verbrennte meine Schiffe hinter mir. Die jetzigen Aufzeichnungen werde ich jedoch wahrscheinlich nicht verbrennen, da Tante Josephine mich wiederholt gebeten hat, sie ihr zu geben, sobald ich sie nicht länger haben wolle. Ich würde sie schon geben; wäre es nicht, daß ich sie bei neuerlichem Durchsehen so über die Maßen häßlich fände, und mich schämen würde, falls man sie einmal in ihrer Kommode entdeckte. Aber behalten werde ich sie auf keinen Fall, das steht fest; denn ich finde, daß wenige Dinge schwerer mit herum zu schleppen sind (bzw. auf dem Gewissen zu haben) als Papier, auf dem etwas geschrieben steht ....

Ich verabscheue hohes Alter.

Die Liebe einer Frau erträgt niemals das Hinauszögern des Sacramentes; denn da die Begier der Frau nach des Mannes Begier steht [2], wird ihre Begier schon vor der Heirat erfüllt, und was sie in der Ehe dann noch gibt, ist gewissermaßen eine Art Zulage oder nachträgliche Voll-

1 H: »Schick mir sämtliche Unterlagen die sich mit der Universitätszeit befassen aus Deinem Tagebuch, usw.« (James' Brief an Stanislaus, vom 13. Januar 1905). – AdÜ: es handelt sich um STH.
2 AdÜ: Zitat nach Coleridge ›*Table Talk*‹, 23. VII. 1827.

ziehung. (Ich habe geschrieben, ›Was sie gibt‹: wer würde in diesem Zusammenhang wohl je vom Manne als dem ›Gebenden‹ sprechen?). Dennoch bedeutet die Heirat für die Frau mehr als für den Mann; denn während die Frau vermittelst der Heirat ins volle Menschenleben eintritt, verpfändet der Mann dadurch Diverses an ein Zukunftsglück. Heiraten ›steht‹ der Frau ›wohl an‹, ist für sie ein ›sich etablieren‹; für den Mann dagegen ein ›sich festlegen‹. In jedem Fall, wo die Heirat etwas mehr als ein bloßer ›Contrat social‹ ist, oder sein Leben nicht sowieso schon eine endgültige Richtung angenommen hatte, schreibt der Mann sich unvermeidlich um einen gewissen Betrag ab, und muß seinen Jagdspeer als Wandschmuck ins Wohnzimmer abliefern. Einer der Hauptgründe, warum ich in meinem eigenen speziellen Fall vor der Ehe zurückscheuen würde, ist der, daß ich fürchten müßte, meine Kinder könnten mir zu ähnlich geraten. Der Gedanke an Stannie-gleiche Kindlein macht mir schwer zu schaffen. (Das ist ja nicht sehr selbstsüchtig, wie?)

In den letztvergangenen Jahrhunderten hat man in Europa die ›Liebe zum Gelde um seiner selbst willen‹ als ein entwürdigendes Laster betrachtet, und ›Der Geizhals‹ gehörte zum eisernen literarischen Bestand. Ist er nun heutzutage ausgestorben? Ich möchte sagen, nein; zumindest solange nicht, als noch Pensionäre unter uns sind. Heutzutage scheint die ›Liebe zu vielem Wissen um seiner selbst willen‹ weitgehend an die Stelle jenes erstgenannten Lasters getreten; wobei man nicht riskiert, in den Verruf zu kommen, der ja eigentlich auch intellektueller Geizhalsigkeit anhaften sollte. Höchstens im Stillen, bei sich selbst. Ich verabscheue diese bebrillten Buchmenschen.

Heute habe ich bei Pappie einen Herrn namens Clegg kennen gelernt, einen Sachwalter, der zur Zeit ›gerade etwas im Pech‹ ist. Er hatte zuvor ein paar ›glänzende Posten‹; hat sie aber später ›verloren‹; und würde ein ›mächtig schlauer Kerl‹ sein, wenn er sich nur ›um seine Obliegenheiten mehr kümmerte‹. Er ist aus Nordirland. Er erzählte eine lange Geschichte von einem Pensionär, den sie Beide kennen, der eine zeitlang auch mal 'ne Kneipe hatte, jetzt aber auf der Insel Man lebt. Clegg schilderte, wie Der da so zinsfrei wohne, in seinem ›schönen Insel-Heim‹, und immer noch ›ein bißchen zurücklegen‹ könne, womit er grundsätzlich zur Sommerszeit nach Dublin komme, ›all die alten Freunde‹ wiederzusehen; und dann, nachdem er sich's hier habe so recht wohl sein lassen, fahre er wieder zurück: »Was hältst Du davon? Das heiß ich mir doch noch Finanzwirtschaft, was?«. Diese stupiden Nordiren. Nichts erregt ihre Bewunderung, außer der ›Finanzwirtschaft‹ eines Mannes, der 1 Schilling ausgibt, um 1/6 dafür wiederzukriegen.

Verbummelte ›Vielversprechende‹ sind ihres Rufes häufig sicherer, als Diejenigen, die etwas geleistet haben.

Ein Mann ist das, was er denkt; sieht nach dem aus, was er ißt; und in seinen Manieren spiegelt sich das Leben ab, das er führt.

Ich gebe mir alle Mühe, Grobheit zu vermeiden; denn in meinem Fall ist Grobheit nicht das kleinliche Ergebnis eines vollendeten Egoismus', der beharrlich nur seine eigenen Eingebungen vorzieht; und es ist mit nichten Rücksichtslosigkeit den Gefühlen Anderer gegenüber, weil ich etwa ganz kalt verstandesmäßig beschlossen hätte, nur meine eigenen Grillen zu hätscheln; sondern meine Grobheit ist vielmehr nur eine Schwäche, eine vorübergehende Blendung der Fähigkeit verständig zu entscheiden, durch den Impuls sich schnell Luft zu machen; oder der Wunsch, etwas darzustellen und entsprechend hochfahrend aufzutreten; oder auch bloß Plumpheit, die gar nicht merkt, daß sie beleidigt. Deshalb mißfällt sie mir. Meines Erachtens gibt es so manche Gelegenheit, wo wir durch Aufopferung eines Anliegens, das uns nicht gerade überragend wichtig ist, die Gefühle Anderer schonen könnten; deren Charaktere – mögen sie immer minderwertiger als unser eigener, ja, uns noch so anstößig sein – dennoch, als bürgerlich gleichberechtigt, auch die gleiche Berechtigung hinsichtlich ihrer persönlichen Freiheit und privaten Sphäre verdienen; und die Erkennung & Wahrnehmung eben solcher Gelegenheiten dürfte vermutlich ein Kennzeichen wirklicher Verfeinerung der Sitten sein.

Bei einer Gelegenheit hatte ich ein langes Streitgespräch mit Jim, bezüglich seines Respekts für Pappie, den er unter Fremden grundsätzlich zur Schau trägt. Ich behauptete, daß Jim's Respekt falsch sei, und ein reines Vorurteil; und daß, da er nicht in der Lage sei, ihn verstandesmäßig zu verteidigen, ein Beharren dabei ab nun eine Lüge sein würde. Wir argumentierten Schlag auf Schlag, und Jim fand sich endlich in die Enge getrieben.

: »Also Dein Respekt ist falsch?«

»Ja.«

: »Und ist ein reines Vorurteil?«

»Ja.«

: »Und als Onkel Willie Dir sagte, daß er Jack Joyce hasse, hättest Du ergo *nicht* aufspringen und hinausgehen dürfen?«

»Nein; das hätt' ich nicht.«

Als ich ihn so weit hatte, sagte ich in aller Schnelle: »Du bist ein ganz verdammter Lügner«; worauf Jim vor Lachen herausplatzte. Als er damit fertig war, ging ich dazu über, ihm nunmehr darzutun, warum *ich* meinte, daß er Pappie respektieren sollte. Ich habe mehrfach geschrieben, daß ich Pappie haßte, ja, daß ich ihn sogar verabscheute; glaube aber, ich muß meine Position schon wieder räumen, oder präziser: muß hinschreiben, daß meine Einstellung sich geändert hat. Das ist, nach so viel Hin- & Hergeschreibe, freilich ein armseliges Eingeständnis; und ich fürchte mich, nach so häufigem Schwanken, das Folgende nunmehr als endgültig hinzusetzen. Pfui über ›quod scripsi, scripsi‹, und über ›quod dixi, dixi‹ nicht minder! Sein Geist ist alt; dazu voller Vorurteile, die nicht die meinigen sind, und Jugend gehört zu Jugend; sein Wesen neigt zu Schmähungen, ist dem meinen zuwider, und ich bin ungeduldig. Ich bin sogar sehr ungeduldig, und meine gerechte Ungeduld hat mein Urteil korrumpiert. Ich habe nicht 1 Atom echter Zuneigung für ihn; aber eben gerade so 1 Atom der Bewunderung für einen Charakter voller Vitalität & eine Art des Einblicks in die Dinge, die gelegentlich ganz seltsam und eigenständig ist. Dennoch ist der größere Teil dessen, was ich über ihn geschrieben habe, richtig; während der größere Teil dessen, was ich über mich selbst geschrieben habe (O Sancta Stupiditas!) falsch scheint.

Pappies eigenes Urteil über sich selbst entwischt ihm selten. Heute Abend, als er betrunken war, sann er so vor sich hin: »Ich bin wie die Bourbonen, ich vergesse nie etwas. Lernen tu ich vielleicht nicht viel, durchaus möglich; aber vergessen tu ich sehr wenig.«

Jenes Neo-katholische Argument zugunsten der Beichte, welches behauptet, daß Beichten ein Erfordernis des menschlichen Gewissens sei und emotionelle Entspannung bringe, ist vollkommen richtig; ist aber gleichzeitig auch eine gute Verteidigung jener ›Confessionen‹ und Romane, die die Kirche als höchst sittengefährdend in Mißkredit zu bringen sich bemüht, und die zweite Hälfte des Satzes ist gleichermaßen eine Verteidigung jener scortatorischen Liebe[1], in der Charaktere von übergroßer Erregbarkeit, in denen sich Sensibilität gepaart mit Reserviertheit periodisch aufstaut, emotionelle Entspannung finden. Ich für meinen Teil finde die Einrichtung der Beichte verabscheuenswürdig; obwohl ich, als ich noch in der Kirche war, mir weder den Beichtvater wählen konnte, noch nennenswerte Schwierigkeiten dabei hatte, meine Geschichte 'runterzurasseln, das ausge-

1 AdÜ: vgl. MBH, S. 206 ff.; es handelt sich übrigens um einen Ausdruck Emanuel Swedenborgs.

nommen, was etwa reiner Unwissenheit entsprungen war. Heute erkenne ich, daß, wenn ich damals zu beichten verstanden hätte, sich möglicherweise etwas leidlich brauchbares daraus hätte machen lassen.

Es ist bezeichnend für mich, daß ich eher & leichter Gutes von Anderen glaube, als von mir selbst. Murray's behaupten, daß Charlie mehr Rücksicht auf Tante Josephine nähme, und sie auch lieber habe als ich. Ich glaube, sie meinen mit ›Rücksichtnahme‹ seine gelegentliche Duldsamkeit gegenüber ungezwungen-derber Behandlung, und falls dem so sein sollte, vermute ich, es wird schon stimmen, daß ich wenig Rücksicht nehme. Denn Grobheiten & Geringschätzigkeiten, die ihnen dort, wie ich annehme, belanglos scheinen, fressen mich im tiefsten Innern; und werden sie gar bewußt begangen, dann packt mich die Wut und schüttelt mich förmlich bei den Schultern. Tante Josephine gibt mir öfter als eine Art Tadel zu hören, daß sie sich bei allem, was sie sage oder tue, mir gegenüber weit mehr vorsehen müsse, als sie bei Jim oder Charlie nötig habe. Ich empfinde es wenigstens als eine Art Tadel. Vielleicht dünkt ihnen ein so kitzliches Ehrgefühl pure Arroganz, vorsätzlich zur Schau getragen, um einen Druck auf sie auszuüben; dabei scheine ich mir doch jedesmal eine ehrliche Anstrengung zu unternehmen, auf keinen Fall vorschnell zu reagieren; aber wenn mir dann, auch bei wieder beruhigtem Gemüt, die betreffende Grobheit immer noch empfindlich ist – ja, dann müßte ich mir ja selbst charakterliche Niedrigkeit vorwerfen, wenn ich die Kränkung einfach so unter den Tisch fallen ließe. Denn andererseits, falls es ihnen einkommen sollte, von mir denselben Verhaltenstandard zu verlangen, wie ich es von ihnen tue, (was von ihrer Seite einwandfrei eine Affektation wäre), dann glaube ich, ich würde ihnen sehr wenig Grund zum Anstoß liefern. Was nun Charlie's Liebe zu Tante Josephine anbetrifft, die größer sein soll als die meine, so weiß ich weder wie sehr Charlie sie liebt, noch in welchem Maße ich sie liebe; aber ebenso wie ich a priori erst einmal voraussetzen würde, daß jegliches Gefühl Jim's reiner sei als das meine, bin ich auch geneigt anzunehmen, daß jedwedes meiner Gefühle reiner ist, als das vergleichbare von Charlie. Deshalb, ob ich schon seinerzeit nicht an ihnen zweifelte, meine ich jetzt doch, ich hätte mich hinreißen lassen, ihnen allzu leicht zu glauben.

Für die Plumpen, denen es an Verständnis mangelt, gibt es kein wahres Glück.

Sobald die Familieneifersucht sich regt, und Differenzen zwischen den Murrays und uns auftreten, (präziser ausgedrückt zwischen Onkel Willie und Pappie), ergreife ich nie Partei. Welche Partei ich auch ergreife, es legt immer Zeugnis ab, von einem Impuls in mir, auf Anhieb für Pappies Sache einzutreten. Mein Gewissen wird dabei nicht sonderlich durch Erwägungen beschwert, inwieweit derlei Verfahren gerecht wäre; denn so vertrauenswürdig wie Onkel Willie ist Pappie mindestens auch noch. Dennoch finde ich es, sobald jene Eifersüchteleien sich wieder gelegt haben, unerträglich, mit Pappie und dem übrigen Haushalt zusammen in einem Hause zu sein. Pappie behauptet, ich machte mich über ihn lustig, und hätte ganz offen ›auf die Murrays gesetzt‹; ein Satz, aus dessen erster Hälfte hervorzugehen scheint, daß Blut dicker als Wasser ist, und aus der zweiten, daß es ebensowenig geschätzt wird. Ich kann Pappie aus demselben Grunde nicht leiden, aus dem ich mein Vaterland nicht leiden kann: weil er mich von Kindesbeinen an pausenlos mit Elend & Widerwärtigkeiten förmlich umzingelt hat ....

Jim gibt vor, für die Moralität unserer irischen Mystiker eine große Verachtung zu empfinden. Er sagt, ihr Austreten aus den diversen Kirchen sei nutzlos und gänzlich nominell; denn sie seien lediglich ausgetreten, um möglichst selbst zu Heiligen der Letzten Tage zu werden. Und selbst als solche seien sie, weder was Beharrlichkeit, Heiligkeit, oder zumal

Wohltätigkeit anbelangt, nicht mit einem katholischen Kirchenheiligen fünften Ranges zu vergleichen ....

Montag, 18. Juli 1904.[1] / Ich bin ein unseliger, blöderblöder-blöder Trottel. Och!, ich kann gar nicht arg genug fluchen! Ich wollte doch morgen mit Katsy zu dieser Regatta gehen; nein, wie gern ich gegangen wäre! Also was ich diesen meinen Knöchel schon verflucht habe! Verdammter Mist! Oder ob er morgen früh womöglich doch wieder in Ordnung sein könnte? Ach was, ich weiß genau wie's sein wird: an der Wand werd' ich hoch gehen, beim bloßen Schuhanziehen. Oh, Jesus! Jetzt krieg' ich den Schuh nicht mal mehr aus! Ich hab' das Gefühl, wie wenn ich mir den Fuß im Gelenk dabei abbräche. Das ist reine Einbildung, ich weiß es wohl; aber wenn ich ihn jetzt mit Gewalt ausziehe, beschädige ich meinen Fuß vielleicht durch Überanstrengung noch mehr, und werd' morgen nicht imstande sein, ihn überhaupt auch nur aufzusetzen. Und ich hab' mich derartig darauf gespitzt, mit Katsy zu dieser verdammten Regatta zu gehen. Es wäre mir bestimmt gelungen, Pappie 1 Schilling abzuborgen; ich borge ja ganz selten, und überdem wäre ich ja imstande gewesen, ihn bald wieder zurückzuzahlen –. Oh, wär' ich doch bloß nicht über diesen dussligen Graben gesprungen; dann wär' ich jetzt munter & puppenlustig, und könnte morgen, wie vorgesehen, los ziehen. Aber selbst wenn ich ginge, würde ich ja nunmehr aufs schandbarste herumhinken; unfähig das geringste zu genießen. Auch meinen Fuß, dadurch, daß ich drauf rum laufe, wahrscheinlich noch mehr ruinieren. Mir ist alles ganz schnurz & piepe: ich will gehen, und ich werd' gehen! – Ss-ss-ss! Ich kann nicht einmal den Fuß auf den Boden aufsetzen; das greift das ganze Bein an. Mir ist ganz übel, auch

1 H: Die folgende literarische Stilübung ist auf der, unter dem Datum 1. August 1904 vorgenommenen, Eintragung aufgebaut; vgl. S. 74.

das noch; diese Angelegenheit hat mich direkt krank gemacht. Ich kann doch diesen Schuh nicht runter kriegen, so viel steht einwandfrei fest; Jemand anders wird kommen müssen, und mir helfen. Guck an, ich zittere doch tatsächlich am ganzen Leibe. Ich wollte, ich hätte etwas Licht; mein Zimmer hier ist so dunkel. Ob ich Charlie rufe? Nein; ich würde ihn irgendwie ganz ungern darum bitten, die geringste Kleinigkeit für mich zu tun; ich nehme an, ich muß ihn doch wohl nicht mögen. Also Poppie demnach, oder Eileen? Oh, ich hab' nicht dran gedacht, die sind ja runter nach Fairview mit Murray's und Katsy spazieren gegangen, während ich hier sitze. Und ich hasse es überhaupt, mich von Irgendjemandem bedienen zu lassen; ich komm' mir sofort läppisch vor und verweichlicht. – Hoppla! : da ist er ja runter; das war gar nicht so schwer. Mein Fuß scheint ein Lied zu summen, ein stinkiges peinliches Lied allerdings! Aber jetzt will ich auch binnen 1 Minute im Bett liegen –. So sehr intensiv ist der Schmerz eigentlich nicht; aber diese Dusternis hier! Und dies unbequeme Bett! Und mein Pech – was ich dies Invalidesein hasse! Draußen hör' ich Jungens schreien, hinten in Cabra Park; sehr spät kann's noch nicht sein, so gegen 9 nehm' ich an. Alle Welt ist auf den Beinen & unterwegs an einem so herrlichen Sommerabend; aber ich lieg' hier. Sie werden jetzt ungefähr in Donnycarny sein, nehm' ich an; Katsy auch. Ich könnte mir vorstellen, sie geht lieber mit ihnen aus, als mit mir. Ach, sie hängen mir sämtlich zum Hals raus! Wenn's nach mir ginge, würd' ich jetzt eine einsame Seitenstraße runter laufen, ganz für mich allein. Warum zieht sie die Andern vor? Wie lange werden sie noch sein?; bis halb Elf ungefähr. Anderthalb Stunden noch! Mir wird's wie eine Ewigkeit vorkommen; wie eine längste Nacht. Ach, ich kann auf dieser Seite nicht schlafen, mir ist so unbequem. Und umdrehen kann ich mich erst recht nicht; das dürfte wiederum meinem Fuß schaden. Demnach müßte ich die ganze Nacht in dieser einen Stellung liegen bleiben. Einer von diesen sturen, Kunststücke machenden Heiligen soll mal, bevor er das Zeitliche segnete, eine geschlagene Woche in derselben Stellung verharrt haben, oder war's gar ein Monat? Sicher; mein'thalben auch 1 Jahr; oder 2. Ma' sehen, ob ich mich auch beherrschen kann. Ma' versuchen, abstrakt zu werden; an irgendwas zu denken. Über was will ich nachdenken –? Was war es noch, was ich da –? Genie. Nu schön, Genie: Was sagte dieser Dingsda noch vom Genie? Carlyle hat gesagt, daß der Leib den Geist vermittelst des Schmerzes unterjoche & peinige; und daß der Geist den Schmerz fliehe; aber bloß wie der Ball um die Hand flieht, die ihn an der Strippe hält –. Wie lange? Wie lange wird das noch so fort gehen? Wie dämlich von mir, das über's Genie so zu vergessen, denn das war gut – klug –. Ach, selbstredend kommt das schon wieder mal nach oben, auf dem Schaum des Unbewußten, zu irgend einer Zeit – ›wie Schaum‹ mein' ich natürlich –. Dies Bett ist aber sehr warm jetzt –. Die Haut um meinen Kopf scheint sich allmählich enger zu spannen – langsam! – lang-sam! –. Oh! – ja das war klug – 'ch wollt', das wäre mir eingefallen –. ›Eine-ä ä-Menge‹ – ›M‹ hat das gesagt – wie war doch der Name? – grade hatt' ich den Namen, jetzt eben! – Wer ist es, der gesagt? – Wer ist? – ich kannich – was war es doch gleich, dies? – Ich kann nich nachdenken – erinnern – Dammt! – ä-ah! – nachsenken! – ›Eine-m-n-ä Menge?‹ – Menge – enge – – –. Und so, Schlaf. – [1]

Ich komme mir undankbar vor, wenn Andere, die ich nicht leiden kann, mich leiden mögen; weil ich weiß, ich werde ihnen mit Gleichgültigkeit, wenn nicht gar mit Ab-

1 H: Der vorstehende Abschnitt wird als 1 von mehreren möglichen Anregungen betrachtet, die James Joyce bei Entwicklung der Technik des ›Inneren Monologes‹ entscheidend beeinflußt haben könnten. – AdÜ: das Schlußwort wohl Reminiszenz aus Pepys' Tagebüchern, 20. 4. 1660.

neigung lohnen. Pappie hat in letzter Zeit einen Unterschied gemacht, in seinem Benehmen gegenüber Charlie und mir gegenüber, und das macht mir unangenehm zu schaffen. Ich frage mich: hieße es von meiner Seite aus nicht ehrlicher verfahren, wenn ich ihn dahin brächte, mich ganz eindeutig abzulehnen, damit keinerlei Unklarheit mehr zwischen uns bestünde. Ich würde einen solchen Zustand vorziehen; denn ich bin glücklicher, glücklicher, glücklicher, ich bin freier und besser ohne sein Wohlgefallen. Mir mißfällt sein Wohlgefallen. Dennoch argumentiere ich wiederum so bei mir selbst, daß Pappie mich ja doch nicht ernstlich leiden könne (die bloße Vorstellung wäre auch hochgradig widerwärtig); denn sobald ich nachhaus komme, geht die täglich, ermüdende, skurrile, endlose Salbaderei an – nein, ›geht an‹ nicht; lediglich Thema und Vorzeichen ändern sich. Ich, ingrimmig, sage kein Wort.[1] Dann, nach einiger Zeit, fängt er an, irgendetwas zu erzählen, was sich im Laufe des Tages ereignet hat, und das mich nicht im geringsten interessiert. Die gemeine Schmähsucht ist aus seinen Ausdrücken gewichen; aber noch nicht aus Ton und Benehmen. Ab hier erlaube ich mir dann, ihm zu antworten; ja unterhalte mich sogar mit ihm über das was mich nicht interessiert; obgleich ich mir bewußt bin, daß ein Widerwärtiges mir in die Augen schaut, voll schweigender Nicht-Bewunderung, ungefähr wie Katsy das auch vermag. Ich sehe, er braucht Jemanden, mit dem er sich unterhalten kann. Warum soll ich mich, wo ich einmal hier bin, nicht mit unterhalten? Und nun spielt sich folgendes ab. Ich bin unten bei den Murrays. Tante Josephine ist krank, und ich statte ihr einen Höflichkeitsbesuch ab. Unerwarteterweise kommt Onkel Willie 'rein; und ein paar Minuten später erhebe ich mich, um zu gehen. Ich werde gebeten, doch zu bleiben. Ich mache

1 N: Ich weiß genau, es ist nicht deswegen, weil ich 20 und ein Müßiggänger wäre; denn es ist nie anders gewesen, seitdem ich denken kann.

noch ein paar Anstrengungen zu gehen; da jedoch sowohl Onkel Willie als Tante Josephine mich dringend nötigen, und ich selbst auch unentschlossen bin, bleibe ich wider besseres Wissen. Es ist das erste Mal seit, ach ich weiß gar nicht wie lange, daß ich zu Abend wieder einmal dort geblieben bin. (Du hätt'st Dir besser aufpassen können, und gar nicht erst die Möglichkeit riskieren; Du hast für keinen ersichtlichen Zweck Deine Selbstachtung auf's Spiel gesetzt.) Jedenfalls richtete Onkel Willie, mitten in einer trunkenen, weitschweifigen, anscheinend freundlichen Rede an mich, auf einmal versteckte beleidigende Anspielungen an Jim's Adresse; und, in etwas leiserem Ton, offene Beleidigungen gegen Tante Josephine. Katsy hatte mich gebeten gehabt, zu warten, bis sie aus der Kirche zurück sei; und nachdem sie eingetroffen war, spielte ich noch kurz ein paar Partien Karten mit ihr, und verabschiedete mich dann. Ich war, wie üblich, auf mich selbst ärgerlich, weil ich mich wieder einmal mutwillig dieser pöbelhaften Eifersüchtelei ausgesetzt hatte, die ich doch so gut kenne. Als ich heim kam, war Pappie betrunken. Er laboriert an der fixen Idee, daß ich, sobald ich abends einmal etwas später komme, unten bei Jenen gewesen sei. »Na du Satan, mit Deiner schiefen Yahoo-Fresse! Unten bei'n Murray's gehockt, gelt?« »Ist mein Abendbrot fertig, bitte?« »Wie lange, o Jesus, wie lange? Na warte! 14 Tage noch. Rund 14 Tage noch, dann gerb' ich den Murray's mitsamt Dir Euer feines Fell! Euch werd' ich's gerben, bei Gott!« Dann fuhr er fort, zu erzählen, wie Tom Devon [1] sich erkundigt hätte, was Charlie und ich so trieben, und wie er Devon informiert habe, er würde uns auf die Straße setzen, sobald er das Haus verkaufe.

1 H: Tom Devon (oder Devin), ein alter Freund von John Joyce, erscheint als ›Jack Power‹ in der Novelle ›Gnade‹ der DUB; und unter seinem wahren Namen dann im OD. – AdÜ: vgl. auch MBH, S. 74.

»Ja, und was werden sie dann machen?« : »Och, Die erzählen mir immer, sie könnten runter zu'n Murray's gehen, und dann dort bleiben. Willie Murray würd' sie schon aufnehmen; klar, glaub' ich gern, daß er's ganz ängstlich damit hat, wenn er se bloß schonn unten bei sich hätte. Sicher; und Klatsch will gern weit rum kommen.« Er sagte noch vieles mehr, und alles gleichermaßen beleidigend; aber was den Grundtenor seines Geschwafels angeht, wußte ich, daß er Recht habe; daß Onkel Willie keine Liebe für Jim empfinde, noch für mich, oder Sonstjemanden unseres Namens. Ich hörte ihm eine Weile müde zu. Was monatelang beschwerlich & falsch gewesen war, war heute Abend beschwerlich & wahr. Ich hatte auf meinem Heimweg auch schon ähnlich gedacht; es war, wie wenn er dabei gewesen wäre. Und dennoch: trotz all seiner Trunkenheit ist er nicht ohne Unparteilichkeit; wie wenn er tatsächlich seine Geisteskräfte anstrenge, um mir klar zu machen, wie die Dinge liegen. Mein kärglicher Respekt für ihn ist relativ, nicht absolut. Uff! Wieviel ich doch so über diese albernen Familien-Stänkereien schreibe; aber wiederum: wie sehr sie sich mir auch aufdrängen! Immerhin, Tante Josephine ist nicht Onkel Willie; und ich bin nicht mein Vater. Tante Josephine machte einmal eine Anspielung auf den Ausdruck, der so oft in diesen meinen Notizen vorkommt – ›die Murrays‹ – ja, aber ich bin doch damit aufgewachsen! Er ist in meinem Gemüt für immer & ewig gekoppelt, mit dem Klang von Pappie's Stimme, wie er trunken seinen ihm schweigend lauschenden Familienkreis apostrophiert; mit dieser tiefen, vokaligen, kratzend-blökenden Stimme, der zu lauschen wenigstens eines mich gelehrt hat: HASS ....

Man hält mich für derber & gesünder als Jim, oder auch als Charlie. Ich nehme mich in acht, und wache über meinen Körper nahezu ebenso sorgenfaltig, wie ich über meinen Geist wache; aber mir selbst scheine ich Schwächlichkeit & Zartheit, immer & in jeder Hinsicht, mehr weg-getrotzt zu haben. Im stillen Kämmerlein muß ich mich selbst als von Natur aus weichlich betrachten..... .....

Der Einfluß der Jesuiten, nicht ihr System als solches, hat etwas erzieherisches; weil er die ihm Unterworfenen dazu anhält, sich selbst zu erziehen.

Antwort auf eine Heiratsannonce: ›Unterzeichneter erlaubt sich, sich um die o. a. Stellung zu bewerben‹.

›Die Materie sei unzerstörbar‹, erzählen uns die Wissenschaftler; bon, heißt also die Grabschrift für uns Mortalisten: ›Hier ruhen die unsterblichen Überreste‹.

Ich war heut in dem hübsch-möblierten, sanft-beteppichten Haus eines Belfaster Bauunternehmers. Jedweder billige Luxus, den ein Angestelltenherz sich nur träumen kann, fand sich in irgendeiner Ecke. Alles war vorhanden – nur kein Platz. In der Küche schien seine Frau eben das Dinner zu bereiten. Seine Kindeskinder werden einmal bibbern vor Angst ob des Abstandes zwischen Himmel und Meer. Ich weiß, was Armut bedeutet; und dennoch würde ich unser Haus, mit seinen dreckigen Fenstern und Türen, und seinem Mangel an dem notwendigsten Meublement immer noch vorziehen; vielleicht aus diesem Grunde, weil bei uns kein schandbarer Mangel an Platz stattfindet – ich kann Diogenes' Vorliebe für Armut ausgezeichnet verstehen.

Wohl ziehe ich sowohl Musik als auch Prosa Versen vor; obwohl ich Poesie überall schätze, wo ich sie finde. Ich gestehe zu: sie findet sich am häufigsten in Versen.

Mit Leuten, die ich kenne, habe ich so viel Sympathie, daß mir, wenn ich mich schweigend mit ihnen im selben Raum befinde, alles was ihnen zustößt, auch mir zuzustoßen scheint, und ich jegliche ihrer Stimmungen nachvollziehe. Aber wie kann ich mir dann einbilden, ich besäße ein eigenes, apartes Naturell? Man nehme hinzu, daß ich keinerlei Zuneigung für meine eigene Familie verspüre; und hier möchte ich jetzt etwas kurioses dartun. Ich bin so schweigsam & reserviert im Verkehr aus diesem Grunde: weil ich meine Unterhaltung mit Denjenigen, die Zuneigung von mir erwarten, Denen ich jedoch keine zu bieten habe, auf notwendige Höflichkeiten eingeschränkt sehen möchte, und nicht mehr. Und weil ich in diesem meinem Bemühen nicht voll erfolgreich bin, würde ich es vorziehen, unter gänzlich Fremden zu leben. Trotzdem wache ich natürlich mit gereiztester Gewissenhaftigkeit über mich; damit nicht 1 Ton, 1 überschüssiges Wort, 1 Blick, 1 spontane Äußerung, mißverstanden werden möchten. Ich habe die Liebe einmal definiert, als das Gefühl einer intimen & begierigen Abhängigkeit. Ist das eben Beschriebene dann aber nicht das Gegenteil von Liebe – nämlich eine zwar auch intime, aber widerwärtige Abhängigkeit – und hasse ich demnach meine gesamte Familie, die schweigend Zuneigung von mir erwartet?

Ich habe ein neues System der Lektüre entwickelt: ich verkaufe diejenigen Bücher, die ich nur immer kann; und lese diejenigen, die ich nicht loswerde – aus reinem Trotz.

Ich lege Pappie hiermit das Folgende zur Last:

1. die Gesundheit seiner Kinder untergraben zu haben, samt ihren verrottenden Zähnen, infolge irregulärer Ernährung und Unterkunft, des billigsten verfälschtesten Fraßes; ganz allgemein, infolge unhygienischer Daseinsbedingungen.

2. die Lebenschancen seiner Kinder hoffnungslos gehandicapt zu haben, (wodurch, zum Exempel, Poppie's Chancen restlos ruiniert sind).

3. Mutters Kränkeln, Niedergeschlagenheit, verdüstertes Gemüt, wie auch ihren Tod bewirkt zu haben; an dem seine moralische Brutalität schuld ist, das von seiner Seite bewußt Nachtmahrige des Zusammenlebens mit ihm, und endlich die abscheuliche Behandlung, die er ihr bis zum letzten Tage ihres bißchen Lebens zuteil werden ließ. Und endlich

4. obwohl indirekt, auch an Georgie's Tod schuld zu sein. Denn wenn Georgie einen anständigen Arzt gehabt hätte,

oder in einem Krankenhaus gewesen wäre: er würde heute noch leben!

Weiterhin zieht er die Charaktere seiner Kinder immer mehr mit sich herab, im selben Tempo, wie er tiefer sinkt. Das sieht sich so, Schwarz-auf-Weiß, wie eine ganz hübsche Liste an; ist aber noch viel zu milde formuliert. Denn mein ›moralische Brutalität‹ oben vermittelt dem Geist eines Außenstehenden nicht entfernt jenen Abgrund von Unflätigkeit, der in der bloßen Erinnerung monoton an mein abgehärtetes Ohr anschlägt. Er hat Mutter kontinuierlich damit gedroht: »Ich brech Dir das Herz, Du! Ich brech Dir Dein verdammtes Herz noch!«. Es muß zugestanden werden, daß genau das es war, was er vollbrachte; obschon nicht aus Vorsatz. Er erkannte sehr bald, daß seine matterhornige Angewohnheit verpöbeltster Völlerei (eine so ungraziöse und öde Routine wie alles was er tut) genau dies bewirken würde; und der Gedanke daran war seiner schäbigen Natur eine rechte Erleichterung. Auch Uns gegenüber gebraucht er dieselbe Drohung; fügt manchmal jedoch hinzu: »Aber erst brech' ich Euch noch den Magen, Ihr Hinterlader! Ihr werd't die Auswirkungen später schon sehen: wart ma' ab, bis Ihr 30 seid; dann werd't Ihr schon sehen, wo Ihr landet!«[1] Er hat unser Haus zu dem gemacht, was es ist, vermittelst seiner unlieblichen Natur, und seinem trefflichen Appetit für Whisky & Soda; und daß er überhaupt eine Art Pension genießt, von der er existieren kann, verdankt er lediglich dem Einfluß seiner Freunde, sowie der Rücksicht auf die Familie, die von ihm abhängig ist. Nahe genug daran war er, keine zu bekommen.[2] Hier 1 Pröbchen aus meinem ›Buch der Tage‹; von Donnerstag, dem 27. April.[3] Ich war relativ früh auf – um 8 ungefähr – und der Tag verlief, bis zu einer

1 AdÜ: vgl. OD, S. 141.
2 AdÜ: vgl. MBH, S. 83.
3 H: des Jahres 1905.

bestimmten Stunde, wie ich mir vorgesetzt hatte. Pappie war Beklagter in einem Berufungsverfahren, und nahm an, daß der Prozeß heut zur Verhandlung käme. Er hatte seine Verteidigung selbst übernommen. Ich ging hin, um es mir anzuschauen: sah jedoch nichts, denn es kam nicht zur Verhandlung, und ich war gegen 6 wieder zuhause. Pappie war nicht vorhanden; und es gab weder Licht noch Abendbrot. Ich hatte einen ganzen geschlagenen Tag damit vergeudet, in den Four Courts auf ihn zu warten – ein versnobtes, total vertrotteltes, geschäftiges Loch – während er sich in irgendeiner Bar oder sonst einer gemütlichen Ecke vollaufen ließ. Ich war gereizt; denn ich wußte, daß er über Geld verfüge. Ich nahm schwerfällig auf einer Tischecke Platz, und fluchte ausgiebig auf ihn. Poppie, die zusammen mit den Kindern im Dunkeln am Feuer gesessen und Trübsal geblasen hatte, fing an, ihrer eigenen Gereiztheit dadurch Luft zu machen, daß sie mich attackierte. Ich verwünschte sie, wie ein echter Sohn Pappies, und ging wieder davon. Draußen war mir wohl – aber was soll man in solch einem Haus schon tun? Stellenanzeigen beantworten? Kann wohl irgendetwas nichtiger und niederschlagender sein? Ja, und draußen: was dort unternehmen? Tante Josephine lag fest; also würden sie nicht unterwegs, und somit meine gewöhnliche Entspannung ebenfalls blockiert sein. Also ging ich allein in Richtung Dollymount los; und kam schließlich, nach 9 Uhr, wieder zurück. Pappie war immer noch nicht da. Ich hatte, während ich klopfte, aufgrund äußerlicher Anzeichen darüber theoretisiert, und schon Hoffnung gehegt. Ich begann wiederum aufs Heftigste zu fluchen, vielleicht eine Minute lang[1], und verstummte dann. Anschließend begab ich mich zu Bett. Zum Teil war es Magen-Ärger; zum Teil zu reinlichstem Haß angefachte Wut; aber mehr als all dieses war es eine tiefgehende Gereiztheit ob meiner selbst.

1 AdÜ: vgl. FW, S. 70 ff. u. ö., wo ähnliche Schimpf-Kanonaden satirisch geschildert werden.

Aufgrund irgendeiner blödsinnigen Einbildung von Freundlichkeit, hatte ich mich ihm seit ein paar Tagen gewidmet, und Abstand davon genommen, mit Denen zu gehen, die ich mir in Gedanken erkor. *Lâche!* Ich hatte ihm gegenüber die Rolle des Begleiters gemimt – ›gemimt‹, das ist genau das Wort; denn ich war mir bewußt, daß mein leichtes, obschon sehr wahrnehmbares, Mißfallen ihm gegenüber, ebenso konstant & unveränderlich war, wie mein leichtes, auch sehr wahrnehmbares, Mitleid für Mutter. Ich hatte das Gefühl, daß mein Stolz überlistet und gedemütigt worden sei. Nach 10 Uhr kam Pappie dann an; er hatte noch ein paar Pennies übrig. Wir – auch die Kinder – hatten seit 14 Stunden gefastet. Ich hörte sein trunkenes Gelalle unten im Treppenhaus; und dann das betrübliche Laufen der Wasserleitung.

Das ist das wahre Porträt meines Erzeugers: der Haupteindruck der eines Moriskentänzers; und anschließend gleich Enttäuschung, Geäffe, Gestänkere, und trunkenes Gehaben – das berufsmäßige Brechen von Herzen.[1]

1 AdÜ: ein halbes Jahr später, am 20. Oktober 1905, verließ Stanislaus Joyce das Dublin seiner Jugend für immer.

Register 1

James Joyce's Werke

Register 2

Personen, Sachen, Orte usw. Wo hinter dem Namen in Klammern Verwandtschaftsgrade angegeben sind, beziehen sich diese grundsätzlich auf James Joyce.

Inhalt

Von Stanislaus Joyce
im Suhrkamp Verlag erschienen

Meines Bruders Hüter. Mit einem Vorwort von T. S. Eliot und einer Einführung von Richard Ellmann. Deutsch von Arno Schmidt. 1975. 350 S. *suhrkamp taschenbuch* Band 273

suhrkamp taschenbücher

st 806 Stanisław Lem
Die Ratte im Labyrinth
Ausgewählt von Franz Rottensteiner
Phantastische Bibliothek Band 73
274 Seiten
»...zur Zeit wohl der umfassendst gelehrte Kollege, einer der letzten Alexandriner, dem es gelingt, interdisziplinär zu arbeiten, als könnten die Ecken unseres Bewußtseins und die Geheimnisse etlicher Galaxien eine Verbindung eingehen.« *Günter Herburger*

st 807 Johanna Braun, Günter Braun
Der Irrtum des Großen Zauberers
Ein phantastischer Roman
Phantastische Bibliothek Band 74
196 Seiten
»Die Parabel vom Birnenimperium Plikato ist... eine Satire auf totalitäre Machtapparate und deren Scheitern an der menschlichen Widerstandskraft und entfaltet bei deren Durchschauen beträchtlichen Witz.« *Otto F. Beer*

st 808 Alejo Carpentier
Die verlorenen Spuren
Roman
Aus dem Spanischen von Anneliese Botond
354 Seiten
Ein Musikwissenschaftler erhält den Auftrag, für die Sammlung der Universität bestimmte primitive Instrumente im Urwald aufzuspüren. Die Reise, die ihn für einige Wochen von unbefriedigender Tätigkeit und Ehe befreien soll, wird ihm zur Befreiung schlechthin. Doch er hat den Bruch mit der Zivilisation nur halbherzig vollzogen. Er kehrt noch einmal zurück in die Weltstadt. Als

er, wieder im Urwald, nach den Gefährten und Stätten des Glücks sucht, sind alle Spuren verwischt.

st 809 Darcy Ribeiro
Maíra
Roman
Deutsch von Heidrun Adler
340 Seiten
»Meisterhaft in der Komposition, von bestechendem Können im psychologischen Zugriff auf die einzelnen Charaktere, von geradezu weltliterarischer Souveränität in der allmählichen Entfaltung unaufhebbarer Konflikte, gehört dieser Roman zu den großen Leistungen des amerikanischen Subkontinents.«

Frankfurter Allgemeine Zeitung

st 810
Lateinamerika
Gedichte und Erzählungen 1930–1980
Herausgegeben mit einer Einleitung und Hinweisen zu den Verfassern von José Miguel Oviedo
426 Seiten
Chronologisch werden die großen Dichter und Erzähler Lateinamerikas vorgestellt: mit einem kurzen Stück Prosa oder wenigen Gedichten. Die Auswahl vermittelt einen Begriff von der unerhörten Lebendigkeit und schöpferischen Kraft, die überall auf diesem Kontinent zutage treten. Sie reicht von der Lyrik César Vallejos, Pablo Nerudas und Nicolás Guilléns bis zu den Erzählungen Asturias', Guimarães Rosas und Gabriel García Marquez'.

st 811 Die Neue Welt
Chroniken Lateinamerikas von Kolumbus bis zu den Unabhängigkeitskriegen
Herausgegeben und mit einer Einleitung versehen von Emir Rodríguez Monegal
Mit zeitgenössischen Illustrationen
434 Seiten
Diese Chroniken sind der Beginn eines Dialogs der Kulturen. Die Europäer reagierten auf die ersten Zeugnisse aus Amerika: so entstanden die *Utopia* von Thomas Morus oder der Essay über die *Kannibalen* von Montaigne, der Vorstellungen nachhaltig prägte. Dieser Dialog dauert bis heute an, im Begriff des Eurozentrismus hat er seine moderne Form gefunden.

st 812 Der lange Kampf Lateinamerikas
Texte und Dokumente
von José Martí bis Salvador Allende
Herausgegeben von Angel Rama
424 Seiten
Seit den Unabhängigkeitskriegen existiert die Idee Simón Bolívars von einem einigen und starken Lateinamerika: mit politischer, wirtschaftlicher und kultureller Selbständigkeit. Der Traum ist heute noch ein Wunschbild, Lateinamerika sucht noch immer seine Identität.

st 813 Robert Walser
Der Gehülfe
Roman
292 Seiten
»Die Prosa Robert Walsers ist auf arglose Weise hinterhältig. Gefeit gegen jede schnelle Lektüre, verlangt sie eine unendlich rege Aufmerksamkeit, denn erst im Wieder- und Wiederlesen zeigt sie ihre wahre Gestalt. Was zuerst wie Unvermögen und Verwahrlosung, wenn nicht gar wie Kitsch aussieht, entpuppt sich im Nachhinein als Raffinesse. ... Jedes Klischee gerät ihm zur Demonstration gegen den gefälligen Effekt, seine Komik ist freiwillig.« *Wolf Wondratschek*

st 815 Hans Christoph Buch
Jammerschoner
Sieben Nacherzählungen
162 Seiten
»Hintergründig und scheinbar sadistisch entlarvt der Autor soziale, politische, historische Verhältnisse, er verschränkt spielerisch, doch mit deutlichem Hinweis, verschiedene Epochen, Zeiten, ja Kulturen. Er tut dies mit den Mitteln einer Sprache, die parodistisch zitierend den Figuren ihr eigenes Urteil spricht.«

st 816 Natalia Ginzburg
Ein Mann und eine Frau
Aus dem Italienischen von Arianna Giachi
190 Seiten
»Aus diesen gleichmütigen, fast teilnahmslosen Mitteilungen entsteht unversehens ein unentrinnbares Lebensge-

füge, in das man selbst, lesend, hineingerät, dem man in alle Einzelheiten folgt.« *Süddeutsche Zeitung*

st 817 Igor Strawinsky
Aufsätze, Kritiken, Erinnerungen
Ausgewählt und herausgegeben von Heinrich Lindlar
226 Seiten
Was über Werden und Wirken, über Weg und Werk des russisch-französisch-amerikanischen Komponisten und Kosmopoliten Strawinsky vom Aufbruch unseres Jahrhunderts im Reflex seiner Mitarbeiter, Freunde und Mäzene, aber auch seiner eingeschworenen Gegner aus dem Umfeld der Neuen Wiener Schule Schönbergs – was da an Erinnerungen, an Huldigungen und Attacken von Belang war, findet sich in diesem Auswahlband wie in einem Brennspiegel.

st 818 J. G. Ballard
Kristallwelt
Roman
Aus dem Englischen übersetzt von Margarete Bormann
Phantastische Bibliothek Band 75
178 Seiten
»Am Tage flogen phantastische Vögel durch den erstarrten Wald, und edelsteinbesetzte Krokodile glitzerten wie heraldische Salamander an den Ufern des kristallenen Flusses. Nachts jagte der leuchtende Mann unter den Bäumen dahin, die Arme wie goldene Wagenräder, der Kopf wie eine gespenstische Krone . . .«

st 819 Peter Schattschneider
Zeitstopp
Science-fiction-Geschichten
Phantastische Bibliothek Band 76
230 Seiten
»Mit einemmal sah er nur noch Atome und Moleküle, die keinen Bezug zueinander hatten. Nichts veränderte sich. Die Naturgesetze zerfielen, weil es in der Zeitlosigkeit nichts gab, das sie beschreiben konnten, und mit ihnen zerfielen die Objekte. Bäume, Sträucher, das verdorrte Gras, Erde und Gestein, selbst die Sonne und der in der Luft erstarrte Vogel: Alles verlor sich in Bedeutungslosigkeit.«

st 821 Hans Carossa
Der Arzt Gion
Eine Erzählung
256 Seiten
»Die Lauterkeit seiner Gesinnung, die Tiefe seiner so bescheiden auftretenden Problematik, und mehr als alles der Adel seiner Sprache, seines schönen, wie eine Quelle fließenden Deutsch machen dies ernste Buch unausschöpflich, wie alle echte Dichtung es ist.« *Hermann Hesse*

st 822 Marcel Proust
Sodom und Gomorra
Auf der Suche nach der verlorenen Zeit
Vierter Teil
Deutsch von Eva Rechel-Mertens
2 Bände, zus. 724 Seiten
»Von der Erfahrung Prousts in Deutschland verspreche ich mir Entscheidendes, nicht im Sinne der Nachahmung, sondern in dem des Maßstabes. ... Angesichts des desorientierten Zustandes der deutschen Prosa, wenn nicht der Krisis der Sprache überhaupt, ist Rettendes zu hoffen von der Rezeption eines Dichters, der das Exemplarische vereint mit dem Avancierten.«
Theodor W. Adorno

st 823 Sylvia Beach
Shakespeare and Company
Ein Buchladen in Paris
Aus dem Amerikanischen von Lilly v. Sauter
Mit Abbildungen
248 Seiten
»*Shakespeare and Company* ist kein gelehrtes Buch, es ist ein ganz persönlicher Bericht. In Sylvia Beachs Erinnerungen kommen nahezu alle vor, die in den zwanziger Jahren eine Rolle spielten, und Sylvia Beach zählte sie alle zu ihren Bekannten.« *The New Yorker*

st 824 Erik H. Erikson
Lebensgeschichte und historischer Augenblick
Übersetzt von Thomas Lindquist
296 Seiten
Die Frage, um die es Erikson in diesem Buch geht, lautet: Psychoanalyse – Anpassung oder Freiheit? Erikson plä-

diert für eine Form von Adaption, die den Patienten befähigt, die Realität so zu sehen, wie sie ist, was nicht bedeutet, sie in ihrer Faktizität einfach hinzunehmen. Eriksons »goldene Regel« für seine eigene Praxis ist ein Begriff von Anpassung, der auf Gegenseitigkeit und Anerkennung basiert.

st 825 Volker Erbes
Die blauen Hunde
Erzählung
190 Seiten
Die blauen Hunde erzählt die Geschichte einer Krankheit. Scheinbar unangekündigt trifft sie eine junge Frau. Die Vorgeschichte zeigt, daß die Formen ihres Wahns nicht zufällig sind oder abstrus, sondern bis in die absonderlichen Details biographisch bestimmt. Auch der Erzähler, der ehemalige Freund dieser Frau, wird von dem Wahn, der der Wahn einer Epoche ist, erfaßt. Indem er ihre Geschichte erzählt, entdeckt er betroffen die Rolle, die er darin spielt.

st 826 Phantasma
Polnische Geschichten aus dieser und jener Welt
Herausgegeben und übersetzt von Klaus Staemmler
Phantastische Bibliothek Band 77
282 Seiten
Zwanzig Erzählungen von neunzehn Autoren stellt dieser Band vor, utopische und phantastische Geschichten, heitere und ernste, amüsante und besinnliche; Spekulationen über die Zukunft stehen neben satirischen Seitenhieben auf die wenig vollkommene Gegenwart. Und es gibt auch gar schauerliche, diabolische und unheimliche Geschichten.

st 828 Hermann Lenz
Die Begegnung
Roman
204 Seiten
»Ein wundersames und wunderbares Buch ... ein Roman, der ganz unwichtig tut und doch voll Weisheit ist; der beiläufig erzählt wirkt und doch Existentiellem auf den Grund geht; der in geschichtlicher Zeit spielt und uns die eigene Zeit und unsere eigene Zerrissenheit besser wahrnehmen läßt.« *Deutsche Zeitung*

st 829 Pablo Neruda
Liebesbriefe an Albertina Rosa
Zusammengestellt, eingeführt und mit Anmerkungen versehen
von Sergio Fernández Larraín
Aus dem Spanischen von Curt Meyer-Clason
Mit Abbildungen
338 Seiten
Wer die Memoiren Nerudas gelesen hat, kennt seine Erzählhaltung. Das Schreiben sei für ihn wie das Schuhemachen – und so urpersönlich, sympathisch warm und menschlich ist auch der Ton dieser Briefe. Sie befassen sich mit Zuneigung und alltäglichen Sorgen, mit Hoffnungen und Enttäuschungen.

st 831 Helm Stierlin
Delegation und Familie
Beiträge zum Heidelberger familiendynamischen Konzept
258 Seiten
»Die Beiträge des Bandes verarbeiten eine Fülle von Fallbeispielen und therapeutischen Erfahrungsdaten vor dem Hintergrund der psychoanalytischen Grundannahmen zu einem komplexen System von Hilfestellung für die unterschiedlichsten familiären Konstellationen. Lesenswert für jeden, der an Einsicht in ein komplexes Gefüge von Zusammenhängen interessiert ist.«

Wissenschaftlicher Literaturanzeiger

st 833 J. G. Ballard
Die Tausend Träume von Stellavista
und andere Vermilion-Sands-Stories
Aus dem Englischen von Alfred Scholz
Phantastische Bibliothek Band 79
204 Seiten
Vermilion Sands, ein Wüstenkurort zur Erfüllung der ausgefallensten Träume der gelangweilten Reichen, jetzt Künstlerkolonie für Maler, Literaten, bildende Künstler und Musiker, ist in einem langsamen, aber unaufhaltsamen Verfall begriffen. Dichter drücken lediglich auf die Knöpfe ihrer Computer, die automatisch für sie dichten; tönende Skulpturen wachsen aus dem Boden, und empfindsame Pflanzen reagieren auf die Töne der Musik.

Alphabetisches Gesamtverzeichnis der suhrkamp taschenbücher